KB272875

전자상거래
성공전략

고객지향 커뮤니케이션이 답이다

전자상거래 성공전략

서순모 지음

최근 인터넷 쇼핑몰(B2C) 등 전자상거래에 대한 인기가 높아지면서 전자상거래쇼핑몰을 운영하려는 사람들이 많아졌다. 전자상거래를 일찍 도입한 기업들은 전자상거래의 비중을 더욱 넓혀 기업경쟁력 강화의 수단으로 활용하고자 한다.

한편 국내의 전체 거래 중 전자상거래가 차지하는 비중은 날로 커지면서 사람들의 관심도 동반상승하여 전자상거래는 초기의 블루오션 상태에서 레드오션 상태로 진전되어 가고 있어 극심한 경쟁상황이 표출되고 있기도 하다.

1990년대 초기의 인터넷 전자상거래에서 현재에 이르기까지 IT세계의 관점에서 실로 오랜 시간이 흐른 지금에도 전자상거래 형태는 크게 달라진 것이 없다. 변화된 것이 있다면 초창기 전문몰과 종합몰 중심의 경쟁구도에서 지금은 오픈마켓과 가격비교사이트의 활성화에 따른 악화된 경영환경일 뿐이다. 현재도 전문몰과 종합몰은 계속하여 경쟁상황을 견뎌내기 위해 고군분투하고 있다.

다만 그동안 전자상거래를 위한 법적, 제도적 환경정비는 있었지만 소비자와 판매자의 입장에서 피부로 체감할 수 있는 기술의 변화는 없었다.

이러한 극심한 경쟁 환경은 전자상거래의 수익양극화를 가져왔다.

소비자의 상당수가 전자상거래를 하기 위해 가격비교사이트나 이와 유사한 사이트를 방문하는 행동은 판매자의 '상품판매 전략'에서 가격의 중요성을 더욱 크게 부각시켜 왔다.

전자상거래 그 자체가 가져다주는 효과(전자상거래를 통한 매장 임대비, 광고비, 인건비 등 절감효과)를 기대하는 소비자에게, 판매자의 판매 전략은 초기 전자상거래가 태동할 때와 다를 게 없었다. 그렇기 때문에 소비자의 선택과 관심은 집중될 수밖에 없었고 결국엔 전자상거래의 수익 양극화 현상이 시간이 지날수록 더욱 고착화되는 상황에 이르게 된 것이다.

일반적으로, 전통적인 상거래 환경에서는 제품에 대한 가격만이 아니라 서비스나 환경 등의 판매우위 전략을 통하여 경쟁업체보다 비싼 가격에 상품을 판매하는 경우가 빈번하다. 하지만 전자상거래는 경매나 역경매 등 일부 방식을 제외하고는 획일적인 판매방식을 이어 왔기 때문에 제로섬게임과 같은 가격과의 전쟁 상황을 이어만 가고 있는 것이다.

본서는 이러한 전자상거래 환경의 어려움을 타개하고 수익의 양극화를 해소할 수 있는 방안을 도출하기 위하여 그 대안으로서 소비자와 판매자 사이의 커뮤니케이션 환경에 주목하였다.

최근 들어 사이버마케팅 등 마케팅 분야에서 전자상거래 활성화의 대안으로 상품관련 정보가 풍부한 확장상품, 커뮤니티 활성화, 전자우편 또는 게시판에 대한 빠른 응답 등 여러 가지 방법이 제시되었다. 또한 이러한 방법을 채택한 초기 전자상거래 사업자는 고객의 관심을 받으면서 수익의 증가로 이어지는 것을 체감하기도 하였다.

그러나 이러한 성공방법(?)은 매우 빠른 시간에 다른 경쟁업체로 전파되었고 곧 누구나가 같은 방법을 채택함으로 인해 결국 처음과 같은 경쟁 환경이 되어 버렸다. 현실 세계에서의 우리는 일반 쇼핑몰 매장이나 상가골목에서 같은 상품을 판매하는 상점이 쭉 늘어선 상황을 목격하곤 한다.

같은 위치에 나란히 판매장을 열면 그 위치에 최초로 개장한 업체나 또는 가격이 제일 저렴한 업체만 경쟁에서 살아남을 텐데 어떻게 저렇게 많은 업체들은 기업을 유지할 수 있는 것일까? 답은 단골고객에 있다. 독자들도 이 점은 충분히 이해할 것이다.

그래서 한때는 고객관계관리(CRM, Customer Relationship Management)라고 해서 대단한 열풍이 분 적도 있었다. 그러나 경제력이 튼튼한 기업을 제외하고 상대적 약자인 중소업체가 CRM을 도입 및 적용하기엔 현실적인 어려움이 너무나 커서 그러한 열풍을 불구경하듯 마음만 애태우며 지켜봐야만 했던 시절도 있었다.

한편 전통적인 일반 판매점에서는 첨단의 IT System이 없어도 CRM의 개념을 충실히 구현해 내며 신규고객을 늘리고 기존고객을 VIP고객으로 확충하고 있는 경우가 많다. 어찌된 일일까?

현실적으로 대면접촉(Face-to-Face)이 특징인 전통적 상거래의 환경을 그대로 전자상거래에 옮겨올 수는 없다. 그러나 전통적인 상거래에서 이루어지는 소비자와 판매자 사이의 거래환경과 그 구조를 면밀히 분석하여 그 장점만을 전자상거래 환경에 반영할 수는 있다. 단순히 화상대화 시스템을 전자상거래 환경에 반영한다 해도 모니터를 통해서 이루어지는 거래이므로 실제 만남을 통해서 이루어지는 거래와 같은 환경을 구축하기는 어렵다.

따라서 전자상거래 환경에서 소비자와 판매자 사이의 커뮤니케이션에 대해서 보다 면밀히 분석하고 기업별로 구현 가능한 방법을 도출하여 그 방법으로 전자상거래를 실시해야만 한다.

이 책은 총 6부로 구성되어 있다. 제1부에서는 서론으로서 전자상거래 환경에서 커뮤니케이션의 중요성과 새로운 패러다임에 대해 논의하며, 제2부에서는 전자상거래 고객만족, 고객만족 지원 시스템, 정보기술의 속성과 커뮤니케이션에 관련된 연구들에 대하여 설명하였다. 제3부에서는 현재의 전자상거래가 안고 있는 커뮤니케이션 분야의 문제점을 해결하기 위한 고객반응유도모델의 구성을 제시하고 이를 구현하고 설명하였다. 제4부에서는 고객반응유도모델 효과를 분석하기 위한 방법을 설명하였다. 제5부에서는 고객반응유도모델에 대한 실증분석을 통해 가설을 검증하고 그 결과를 요약하였다. 마지막으로 제6부에서는 이러한 일련의 과정을 종합적으로 결론짓고 그 결과를 설명하였다.

본서에서 제시한 방법을 적용한 전자상거래 환경은 가격만을 갖고 경쟁하는 것이 아니라 보다 적극적인 고객지향 커뮤니케이션을 통해서 판매자의 지식과 판매 노하우의 적용이 가능하며 실시간 대화와 협상이 가능하고, 사회적 실재감 등의 효과를 볼 수 있어 전체적으로는 전자상거래의 신뢰를 구축하는 데 도움을 줄 수 있을 것으로 판단한다.

서 순 모

Ⅲ 전자상거래 고객반응유도모델 ·······················105

Ⅵ 결 론 ·· 197

Ⅰ. 서　론

1. 연구의 필요성과 목적

1) 연구의 필요성

인터넷 사용 인구가 꾸준히 증가하면서 전자상거래(B2C)에 대한 관심은 그 어느 때보다 더욱 집중되고 있다. 시기적으로 경제적 어려움이 장기화되어 가고 있는 상황에서 전자상거래는 일반인들이 쉽게 떠올릴 수 있는 새로운 기회로서 인식되고 있는 것이다. 이러한 현상은 전자상거래에 대한 교육계의 학과 개설현황을 살펴봐도 잘 나타난다. 1990년대 하반기에 들어 몇몇 대학을 위주로 전자상거래학과 또는 전자상거래전공의 개설 및 운영현황을 보이던 것이 연구 조사 결과 2003년 현재, 대학원 15개교(30개 관련전공), 4년제 대학교 28개교(22개 관련전공), 전문대학 33개교(21개 관련전공)의 현황을 보였다.[서순모 외, 2003] 또한 통계청의 분기별 통계발표를 보더라도 전자상거래 관련 분야의 가파른 성장 지속은 전자상거래가 일반인들에게 새로운 기회를 넘어 보편적인 환경으로서 인식되고 있다고 사료된다. 전자상거래는 전통적 상거래에 비해 시간적, 공간적 제약의 해결, 비용의 절감, 고객 구매행태 분석에 따른 차별화된 서비스 제공가능, 낮은 진입장벽 등의 장점 및 특징은 널리 알려져 있다. 전자상거래는 인류 역사상 보기 드문 발전 상황을 보이며 최근에는 텔레비전 상거래(T-Commerce)와 모바일 상거래(M-Commerce) 그리고 거시적 안목에서의 유비쿼터스 상거래(Ubiquitous Commerce)로 발전해 나가는 추세를 보이고 있다.

그러나 전자상거래에 대한 기대와 관심은 시간이 지나면서 여러 가지 문제로 제기되고 있다. 특히, 각종 언론보도와 각종 보고서를 통해서도 나타난 바와 같이 전자상거래가 폭발적인 성장을 하고 있음에도 불구하고, 아직까지도 대부분의 사람들은 전통적 상거래 방식에 익숙하여 본격적인 전자상거래의 활용을 주저하고 있으며, 또한 전자상거래의 새로운 방식을 낯설어하거나 구매 절차에 대해서 비교적 소극적인 자세를 보이고 있는 것은 주지의 사실이다. 가상의 공간에서 이루어지는 상거래 활동에 따라서 신뢰관계는 매우 중요한 변수로 작용을 하고 있으며 기업들은 고객과의 신뢰관계 형성에 매우 많은 노력을 기울이고 있다. 고객관계관리(CRM, Customer Relationship Management)는 이러한 기업들의 노력을 향상시키기 위한 지원 솔루션이다. 고객과의 지속적인 관계 관리는 고객로열티(Customer Loyalty)를 향상시키며 이로 인해 지속적인 매출 유도와 긍정적 구전, 재방문 등의 긍정적인 효과를 기대할 수 있어, 많은 수의 전자상거래 기업들은 CRM의 도입과 개선에 심혈을 기울이고 있는 상황이다.

CRM 개념이 전통적인 상거래에서 시작되어 자연스럽게 전자상거래 분야로 전이되는 상황에서 전자상거래 기업들은 고객과의 관계를 관리하고 향상시키기 위해서는 고객만족(Customer Satisfaction) 향상에 많은 노력을 기울여야 한다는 문제에 직면하게 되었다. 현재 일반화된 전자상거래 운영은 전통적 상거래에 비해서 비교적 소극적인 고객만족 활동을 펼치고 있으며, 전자상거래에 대한 여러 가지 환경적 제약 등에 기인한 어려움으로 전통적 상거래에서 제공하고 있는 다양한 고객지원 활동을 펼칠 수 없다는 한계가 있다. 모든 전자상거래 모델과 형태에 해당될 수는 없지만 VIP고객에 대한 차별화되지 않는 전자상거래 서비스는 더욱더 많은 전자상거래 구매결제를 방해하고 있는 것으로 분석되고 있다.

오프라인의 백화점과 같은(예를 들어, 우량고객에 대한 가이드와 특화 서비스 제공, 고객관리의 차별화 등) 고품질의 서비스를 제공할 수 없는 전자상거래 환경은 전통적 상거래에서 제공하고 있는 고객만족의 서비스 활동과 비교해 볼 때 너무나 상이하고 고객만족을 위한 서비스 개념이 부족하다고 사료된다.

일반적으로 전통적 상거래에서 고객만족에 관한 연구의 이론적 개념은 인지적 평가 측면에서 다뤄져 왔으며, 인지적 측면에서의 만족은 기대불일치, 공평성 이론, 귀인 이론 등을 통해 만족을 설명하고 있다.[전중옥 외, 1996] 전중옥 외(1996)의 서비스 성과에 대한 고객의 감성적 반응과 만족 간의 관계 연구는 서비스 품질에 대한 성과측정에 관해서 인지적 측면과 감성적 반응 요인 간의 관계를 더하여 서비스제고에 대한 연구를 하였다. 이렇듯 전통적 상거래 환경에서 고객서비스에 대한 노력은 매우 활발하고 빈번히 이루어지고 있다. 전통적 상거래의 고객만족을 향상시키기 위한 일련의 노력들은 서비스품질에 대한 관심으로 집중됐다. 서비스 품질 제고와 관련한 연구를 살펴보면 고객 서비스 극대화를 위한 점포의 환경이 고객에 미치는 영향을 분석한 연구[홍금희, 2000]와 서비스 접점에서의 고객반응연구[최동궁 외, 2000]는 서비스 접점과 고객반응에 관한 문헌적 연구를 통하여 서비스 품질에 대한 범위와 한계의 개념을 정리한 것으로 이외에도 많은 수의 연구가 완료되었고 또한 진행 중이며 이러한 서비스 품질에 대한 제고 노력이 최근에는 전자상거래 분야에서의 활동으로 나타날 움직임을 보이고 있다.

전반적으로 전자상거래는 전통적 상거래에 견주어 고객서비스 제고 측면에서 적극적이지 못한 면이 많다. International Customer Service Association and e-Satisfy는 16개 웹사이트를 선정하여 온라인 고객을 조사한 결과 이들 중 36%만이 온라인 구매 경험에 만족을 표시했다고 밝혔다. 이 조사에서 고객들은 대부분 인터넷 회사들이 높은 수준의 서비스를 제공하고 그들의 온라인 접속이 해당회사들로부터 1시간 내에 확인될 것으로 기대했다고 대답했지만 실제로는 이들 중 12%만이 1시간 내에 답신을 받았고 42%는 이들 웹사이트에 접속한 지 24시간 내에 답신을 받았다[ICSA and e-Satisfy.com, 2000]고 주장하였고, 장시영과 이정섭(2000)은 "전자상거래와 전통적 상거래의 가치비교 연구"에서 협상의 즐거움과 인적 교류, 고객과의 신뢰성 등이 전자상거래 기업이 극복해야 할 과제라고 주장하였다. 전자상거래는 전통적 상거래에 비해 고객의 구매 형태 분석이 용이하고, 고객의 욕구를 신속히 포착할 수 있으며 즉시 대응할 수 있다는 기대적인 주장을 펼쳐 일반인들의 호응을 이끌어 내기도 하였다.[David K., 1997, Laudon 외, 2002, 이재규 외, 2002] 그러나 이렇듯 다양한 연구 결과에 의한 전망과는 달리 전자상거래 기업체는 기대만큼 빠르게 고객의 질의와 행동에 대한 고객응대서비스를 수행하고 있지 못하는 것으로 파악되고 있다.[서순모, 2001] 뿐만 아니라 CRM의 관련 연구 및 서적에서도 고객들의 건의에 대한 빠른 응대가 이루어지지 않아 고객의 불만이 가중되고 있다는 주장은 전자상거래의 고객만족을 위해서 서비스 체계의 구조를 개선하고 고객반응을 유도하기 위한 일련의 연구가 필요함을 의미한다고 분석된다.

2) 연구목적

전통적 상거래에서는 긍정적 고객반응 활동이 전자상거래에 비해 매우 활발하게 이루어지고 있는 반면에 전자상거래에서는 낮은 단계의 고객응대에 머물러 있어 고객반응의 효과가 상대적으로 적다는 인식이 있다.[서순모 외, 2002, 박철 외, 2003] 현존하는 대다수의 전자상거래 모델들은 전자우편이나 전자게시판 등을 통한 고객응대환경을 운용함으로써 즉각적이고 적시적인 반응을 할 수 없는 상황에 직면해 있었다. 이에 따라 본 연구에서 제안하고자 하는 고객반응유도모델(CREM, Customer Reaction Encouragement Model)의 핵심특성인 "즉각적 고객응대와 정보제공" 그리고 "적시적 고객응대와 정보제공"이 고객만족에 유의한 영향을 미치는지에 대해 분석하고, 이를 토대로 고객반응유도모델의 가치를 살펴본다. 그리고 이를 토대로 전자상거래의 발전적 방향을 고찰해 보고자 하는 것이 본 연구의 목적이다.

본 연구는 제1절에 기술한 문제를 해결하기 위한 방법으로 전자상거래의 긍정적 고객반응을 유도하기 위해 고객만족에 영향을 주는 요인과 이에 대한 제반 시스템의 환경에 관한 사항을 다루고자 한다. 전자상거래는 접근의 자유로움, 편리성, 개설과 운용의 용이성이 장점으로 손꼽힌다. 이러한 장점을 기반으로 고객행동을 분석하여 고객만을 위한 특화서비스 제공이 가능하고 능동적인 비즈니스 모델을 구사할 수 있는 장점이 있음에도 불구하고 실제로는 그렇지 못한 기업들이 대부분이다. 이에 따라 전통적 상거래의 특징인 상호 작용기법을 수용하고 전자상거래만의 장점을 극대화하기 위해 본 연구에서는 다음과 같은 구체적인 연구목적을 설정하고 그 해결과정을 기술한다.

첫째, 전자상거래 고객만족을 위한 방법으로서 고객반응을 유도하기 위한 고객반응유도모델을 설정하고 이에 대한 핵심속성 중 즉각적 응대 및 정보제공(즉각성)과, 적시적 응대 및 정보제공(적시성)이 고객만족에 영향을 미치는지를 분석하여 결과적으로 제안하는 고객반응유도모델이 고객반응을 유도할 수 있는지를 고찰한다.

둘째, 첫째 결과에 의해 전통적 상거래와 전자상거래를 비교하여 전자상거래의 문제점과 해결방향은 무엇인지에 대해 고찰한다.

셋째, 본 연구에 의해 도출된 결과를 종합하여 현재의 전자상거래 고객만족에 대한 문제 해결방안 중 하나로서 전자상거래 기업에 적용할 수 있는 고객반응유도모델을 제시한다.

넷째, 실증 분석을 통해 고객반응유도모델의 타당성을 검증하고 이 모델의 적절성을 해석한다.

2. 연구의 방법과 내용

1) 용어의 정의

본 연구에서는 원활한 연구 진행과 용어에 대해 혼란을 막기 위해 각 용어에 대해 다음과 같이 정의를 내리며, 정의된 개념에 준하여 연구문제에 대한 해결에 대해 그 고찰 내용과 분석 과정을 보인다.

첫째, 전자상거래는 수많은 지지를 받는 정의가 있지만, 본 연구에서는 기업과 고객 간 거래인 B2C모델을 지칭하는 것으로 정의한다.

둘째, 고객반응유도모델(CREM)은 전자상거래 활동에 있어서 고객과 판매자 간의 원활한 의사소통을 위한 커뮤니케이션 환경과 방법을 제공하는 모델로 고객의 의사와 행동에 대해 신속한 응대와 정보제공을 하여 고객의 긍정적인 반응을 유도하기 위한 모델을 의미한다.

셋째, 즉각성(Immediacy)은 고객 상황과 환경에 대한 고려 없이 즉각적인 고객응대와 정보의 제공이 이루어지는 특성을 의미한다.

넷째, 적시성(Timeliness)은 고객의 상황과 환경을 고려하여 응대하기 때문에 시점과 상황고려에 의한 차이가 있는 것으로 규정한다.

2) 연구의 방법

본 연구는 전자상거래 고객반응유도모델을 설정하고 동 모델에서 즉각적 응대와 정보제공 그리고 적시적 응대와 정보제공이 고객만족에 영향을 미치는지에 대해서 고찰하고자 하였다. 이러한 연구목적을 달성하기 위한 연구방법으로서 문헌 연구와 제안모델에 대한 프로토타입의 시스템을 구현하였고, 통계적 방법을 이용한 실증 분석과 가설 검증을 실시하였다. 문헌 연구에서는 관련 논문과 발표논문집 그리고 학위논문 등이 활용되었다. 연구주제와 관련된 문헌 연구에서는 전자상거래 고객만족의 이론적 연구라는 주제를 통해 전자상거래 고객만족과 전자상거래 지원 시스템, 커뮤니케이션 그리고 정보속성에 있어 적시성과 신속성에 대한 사항을 분석하고 그 내용을 기술하였다.

본 연구에서 제안한 고객반응유도모델의 적용 과정을 보이기 위해 고객반응유도시스템(CRES, Customer Reaction Encouragement System)의 프로토타입 모델 설계와 구현을 하였다. 구체적인 구현방법으로는 CRES의 개발환경으로 윈도우 2000에서, Rational Rose2000을 활용하여 제안모델에 대한 개념의 사용 사례(UseCase)를 표현하였으며, JBuilder7을 이용하여 판매자 측 실시간협상지원 프로그램과 실시간 정보제공에이전트(ECBA)를 구현하였다. 그리고 나모.웹에디터 5.0을 통해서 고객 측 실시간 협상 인터페이스를 디자인하였다.

머천트 서버의 웹 애플리케이션 구현을 위해 Eclipse2.1과 Ant1.5를 사용하였다. 전자상거래 B2C모델을 구현하기 위해 J2SDK를 이용하여 Client Computer와 간단한 프로그램 개발에 적용 가능한 컴포넌트 모델인 JavaBeans 형태의 머천트 서버 컴포넌트를 구성하였으며, 시스템 운영과 구현모델을 MVC Model-Ⅱ를 지향하는 Apache Struts Model을 선택하여 JSP 페이지를 구성하였다. 제안모델의 운영환경은 와우 리눅스(WOW Linux 7.2 Paran Release) 운영체제에 데이터베이스 서버로 안정버전인 MySQL 3.23을 사용하고, JDBC Driver는 org.gjt.mm.mysql를 사용하였으며, 웹 애플리케이션 서버로는 Jakarta Tomcat4를 사용하고 웹서버로는 Apache2를 사용하였다.

연구모형에 대한 실증 연구에서는 SPSS V10.0을 이용하여 설문분석을 시행하였다. 실증 분석과 가설검증에는 전자상거래 기업에 대한 전화인터뷰를 통해 11개 회사의 동향파악과 의견을 수집하였으며 상기 내용을 기반으로 관련 전문가의 도움을 얻어 예비설문을 개발하였다. 예비설문을 거쳐 수정 보완된 최종 설문을 통해 대학생집단을 대상으로 145매의 유효한 표본을 확보하였으며, 신뢰성분석(Reliability Test), 상관분석(Correlation Analysis), 회귀 분석(Regression Analysis) 등의 분석방법을 적용하여 실증 분석하였다.

3) 연구의 내용

본 연구는 전자상거래 고객반응유도모델이 전자상거래 환경의 고객만족에 영향을 미칠 수 있는지에 대하여 초점을 두고 진행되었다. 전자상거래 고객만족과 관련하여 제기된 문제를 해결하기 위해 본 연구와 관련된 여러 이론의 연구 및 선행 연구 그리고 제안모델의 소개와 이에 대한 구현을 했으며 마지막으로 설문 조사를 통한 가설검증의 순서로 구성되어 제안모델의 타당성을 검증하고자 하였다. 연구의 구성은 다음과 같다.

제1장에서는 연구의 필요성과 연구목적, 주요 개념에 대한 정의 그리고 연구방법을 기술하였으며 본 연구가 가지는 명확한 방향과 의도를 소개하였고, 제안모델의 구현에 사용된 애플리케이션과 가설검증에 사용된 도구와 분석기법을 소개하였다.

제2장에서는 전자상거래 고객만족의 이론연구를 통해 본 연구에서 제안하는 고객반응유도모델의 이론적 배경으로서 고객만족, 전자상거래 고객만족 그리고 전자상거래 지원 시스템과 구현기술, 전자상거래 커뮤니케이션과 정보의 속성에 관하여 기술하였다.

제3장에서는 제1장에서 제기한 전자상거래에서의 문제점을 해결하기 위한 방법 중 하나로 기업의 고객만족에 대한 더 많은 관심과 지원이 필요하며 이를 위한 해결방안으로 고객반응유도모델(CREM)의 주요한 구성과 내용에 관하여 기술하였다. 또한 제안하는 고객반응유도모델의 개념적 설계와 프로토타입 시스템을 구현하여 개념을 보다 명확히 하였다. 더불어서, 고객반응유도모델의 기대성과와 파급효과에 대해 기술하여 제안모델이 가지는 의의를 기술하였다.

제4장에서는 본 연구주제에 따른 문제해결을 위해 연구모형을 설계하였다. 그리고 연구모형에 따른 가설설정과 연구방법, 조사 설계를 통한 설문지 작성의 사전인터뷰와 예비 조사 등의 활동사항을 기술하였다.

제5장에서는 제4장 연구모형에 의한 설문 내용을 바탕으로 표본자료의 특성분석, 실증 분석과 가설검증을 시행하여 본 연구의 결과를

도출하고 분석 결과에 대한 고찰을 실시하였으며 연구 결과에 대한 요약 내용을 기술하였다.

제6장에서는 그동안의 연구 과정과 결과를 정리하였으며, 연구가 가지는 한계점에 대해서 고찰하고 마지막으로 향후의 연구 방향을 제시하였다.

본 연구는 고객반응유도모델의 주요한 특성으로서 고객의 의사와 행동에 대해 적절한 응대 및 정보제공에 대한 속성으로서 즉각성과 적시성을 들고 있다. 즉각성과 적시성은 고객을 위한 정보제공과 응대(Response)의 행동차원에서는 동일할 것이라는 생각이 들지만, 시간과 고객만족을 위한 여러 절차 등 고객 상황과 환경을 고려한 측면에서는 서로 상이하다고 전제한다.

Ⅱ. 전자상거래 고객만족의 이론적 연구

본 연구와 관련하여 제1절에서는 전자상거래 고객만족에 관한 연구동향을 본 연구주제와 관련하여 살펴본다. 제2절에서는 전자상거래 지원 시스템과 커뮤니케이션에 대해서 살펴본다. 전자상거래 모델을 개발, 유지보수 하기 위한 측면에서 웹 애플리케이션 프레임워크, 지능형 에이전트, 고객관계관리(CRM)와 CTI(Computer Telephony Integration), SCM(Supply Chain Management) 등에 관련된 학자들의 주장과 논문 등 각종 문헌에 대한 자료를 분석하여 기술한다. 마지막으로 제3절에서는 CREM의 특성과 관련한 분야로서 정보시스템과 정보기술에 관한 사항을 요약하여 기술한다.

1. 전자상거래 고객만족에 관한 연구

제2장 제1절 전자상거래 고객만족에 관한 연구에서는 전자상거래 환경에서 고객만족을 위한 관련 연구동향과 고객만족 지원 시스템 및 이를 구현하기 위한 기술에는 무엇이 있는지를 문헌 조사를 통해 정리하고 기술한다. 전자상거래 고객만족에 관한 연구와 일반 마케팅에서의 고객만족 연구 방향과의 관계를 모색해 보며, 전자상거래 지원 시스템 연구에서는 기술적 진보 방향에 대한 논의와 최근에 다루어지

고 있는 주요 초점은 무엇인지에 대해 살펴본다. 그리고 유력시되어 가고 있는 차세대 전자상거래에 대해서 문헌 조사를 기반으로 정리 및 기술하여 본 연구와의 관계와 발전적 방향에 대해 고찰한다.

1) 고객만족과 전자상거래의 연계적 고찰

고객만족에 관한 연구가 전자상거래 분야에서도 활발히 이루어지고 있다. 다음은 전통적 상거래에 대한 고객만족의 연구에서 전자상거래에 대한 고객만족과 그에 대한 결과로 고객반응과의 관계를 모색해 본다. 고객만족에 대한 상세개념으로서 국가적인 고객만족에 관한 동향을 고찰해 봄으로써 본 연구가 가지는 의의를 확대해석해 볼 수 있으며 또한 전자상거래에서의 고객만족에 대한 국가적 차원에서의 정책연결이 가능한지에 대해서도 현재의 환경을 고려하여 고찰해 보고자 한다.

김희탁 외(2000)는 (그림 2-1)과 같이 고객의 지각된 서비스품질(친절성, 유형성, 여가활용성, 접근성)은 고객만족에 영향을 주고 나아가 고객반응에 영향을 주며, 또한 고객의 지각된 서비스품질은 직접적으로 고객반응에 영향을 주게 된다는 주장하였다. 고객의 접근행동을 유도하고 강화시켜 고객과의 우호적 관계를 증진시키고 장기적인 친분관계(단골고객)를 유지하기 위해서는 고품질의 서비스를 제공해야 함을 주장하였다. 뿐만 아니라 고객의 소비금액을 증대시키기 위해서는 친절성과 여가 활용성 차원의 품질을 극대화시켜야 하며, 특히 친절성 차원의 품질 극대화를 우선적으로 고려해야 한다고 주장했다. 이러한 일련의 주장들은 연구 분야가 비단 호텔과 여행업에 국한된 것이었으나, 일반적으로 고객들은 서비스에 대한 개념이 연구자들처럼 세분화되지 않은 점을 상기해 볼 때 상기의 연구는 전자상거래의 환경과 경영에 시사하는 바가 크다. 즉 전자상거래에서도 일부분에 대해 김희탁 외(2000)의 연구에서와 같은 서비스 제공이 가능하다면 현재의 전자상거래 패턴이 아닌 더욱 적극적인 전자상거래 환경이 형성될 것이다.

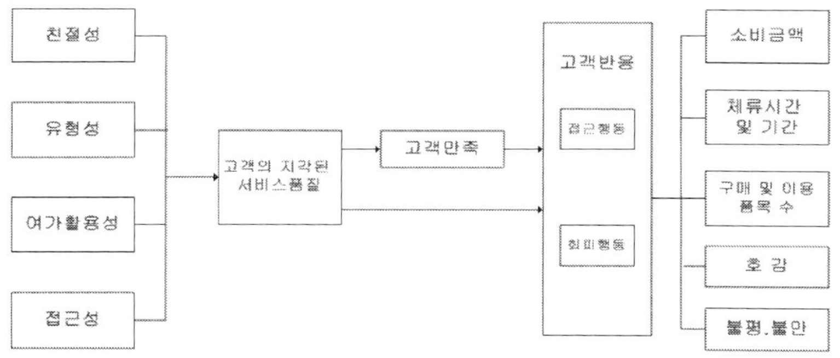

(그림 2-1) 김희탁 외의 고객반응 연구모델

물리적인 환경에 대한 이유재 외(1998)의 연구는 공간의 접근성, 미적인 매력성, 그리고 시설물의 청결성과 편의성이 서비스에 대한 품질지각으로 나타나고 이는 서비스 만족에 영향을 주어서 재방문과 구전 그리고 오래 머무름 등의 고객반응을 유도한다고 주장하였다. 물리적 환경의 결정 요인들이 서비스 구매 후, 행동에 어떤 영향을 미치는지를 이업종 간에 비교 분석한 연구[김장하 외, 2000] 또한 전통적인 상거래 환경에서 연구된 고객만족의 범주에 포함되는 연구였다. 이러한 기존의 전통적 상거래에 대한 연구 결과가 전자상거래에서는 상당한 제약이 있을 수 있다. 즉 물리적인 환경 요인이라는 개념이 소폭 줄어들기 때문이다. 그럼에도 불구하고, 전자상거래에서의 물리적인 요인이라고 한다면 상품배달과 같은 택배시스템이 거론될 수 있다. 이유재 외의 연구 개념을 전자상거래에 적용하여 고찰을 시도해 본다면 전자상거래의 고객에 대한 인터페이스, 즉 머천트 서버(Merchant Server)에 의한 쇼핑몰 사이트와 제반 인터페이스들이 될 것이다.

쇼핑몰 사이트에 대한 미적인 매력성과 시설물의 청결성 등은 디자인에 해당될 것이고 편의성에 대한 부분은 인터페이스의 구성과 구매에 따른 각종 절차와 사후 서비스나 또는 고객 개인에 대한 특화 서비스의 제공과 같은 부분이 해당될 것이다. 결국 이와 같은 해석은 고객만족에 대한 전통적 상거래에서의 연구 결과가 상당부분 전자상거래에서 적용할 수 있는 가능성이 있음을 고려해 볼 수 있는 것이다.

(1) 국가별 고객만족 모델 동향

전통적 상거래에서의 고객만족에 대한 연구는 학자들의 세계를 넘어 선진국을 위주로 하는 국가적인 차원의 관심과 행동으로 이어졌다. 국가적으로 지표(Barometer)나 색인(Index)을 만드는 등의 구체적인 활동을 통해서 고객만족에 대한 국가별 노력의 동향을 알아본다. 이는 급속히 발전하고 있는 전자상거래에 대한 고객만족의 개념에 대한 고찰을 가능케 하며 본 연구의 연장선상에서 전자상거래에서의 고객만족개념 도입가능성에 대해 고찰해 보는 의미를 지닌다.

① 스웨덴의 고객만족지표

(SCSB, Swedish Customer Satisfaction Barometer)

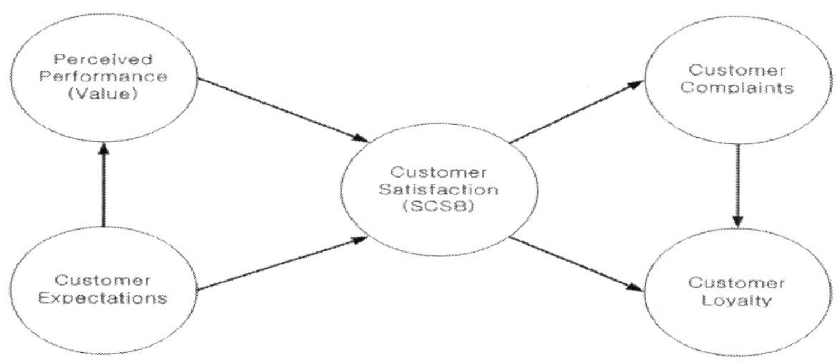

(그림 2-2) SCSB(스웨덴 고객만족지표)의 원형모델

1989년 제정된 스웨덴의 고객만족지표 원형모델을 (그림 2-2)에 나타내었다. 이 모델은 제품과 서비스의 구매와 소비에 대한 국가고객만족색인으로 스웨덴의 32개 산업분류에서 130개의 기업들을 대상으로 조사되었다.[Fornell, 1992;Michael D. Johbson 외, 2001] 고객의 기대가 지각된 가치에 영향을 주고 고객만족모델에 동시에 영향을 주며 또한 고객의 만족은 고객의 로열티와 고객 불만에도 영향을 미치게 된다는 내용을 담고 있다.

② 미국의 고객만족색인

(ACSI, American Customer Satisfaction Index)

미국의 국가고객 만족 색인은 1994년 SCSB의 모델을 토대로 개발되어 1996년 Fornell의 보고서에 첫선을 보였다. 34개의 산업분류에서 약 200개의 기업들을 대상으로 한 조사 결과 보고서에 소개되었다.

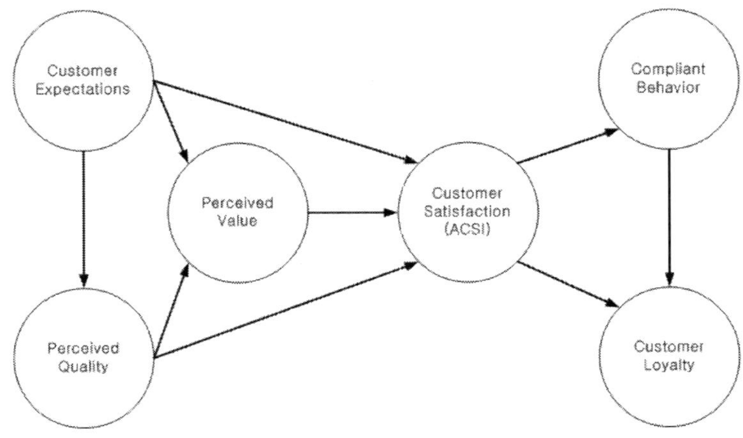

(그림 2-3) ACSI모델

(그림 2-3)의 ACSI 모델[Fornell, 1996; E. Grigoroudis 외, 2004]
은 고객의 기대는 인지된 품질과 고객만족에 영향을 미치고, 인지된
품질은 인지된 가치와 고객만족모델에 영향을 미친다는 개념을 포함
하고 있다. 또한 인지된 가치는 고객만족에 영향을 미치고 고객만족은
불만행동과 고객로열티에 영향을 미친다는 개념을 포함하고 있다.

SCSB와 ACSI의 가장 큰 차이점은 고객의 기대를 위한 측정
(measures)과 인지된 가치(Value)에서 뚜렷하게 인지된 품질 컴포넌
트(Component)를 추가한 것이다. (그림 2-4)[E. Grigoroudis 외,
2004]는 ACSI의 기본 모델에 Fornell의 주장을 반영하고 그 모델을
확대한 것으로 ACSI의 특징인 인지된 품질 측정을 위한 컴포넌트 간
의 관계를 잘 보여주고 있다.

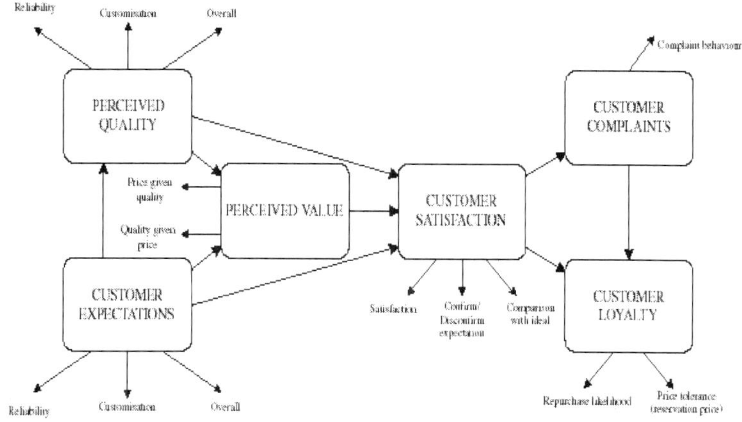

(그림 2-4) Vavra(1997)의 ACSI 고객만족모델

③ 유럽연합의 고객만족색인
(ECSI, European Customer Satisfaction Index)

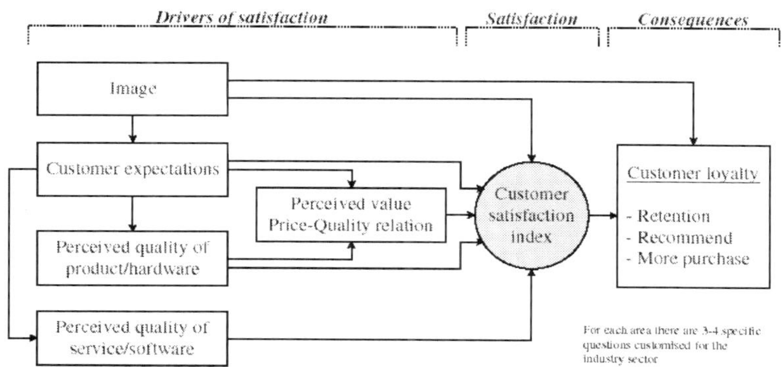

(그림 2-5) 기본적인 ECSI 고객만족모델

유럽연합(EU)의 고객만족모델은 ACSI의 또 다른 변화의 상징으로

인식되고 있다.[Eklof, 2000; Michael D. Johbson 외, 2001] 고객의 기대와 인지된 품질, 인지된 가치, 고객만족 그리고 고객의 로열티로 구성되는 것은 ACSI모델과 같다. 그러나 ECSI는 기업이나 브랜드의 추천 그리고 고객의 더 많은 구매의 가능성을 포함한 고객로열티를 포함한다. 특히, ECSI는 ACSI와 견주어 두 가지 차이가 있는데 첫째는, 고객만족의 결과처럼 불만행동의 발생을 포함하지 않는다. 두 번째는, ECSI모델에서 NCSB(Norwegian Customer Satisfaction Barometer) 원형모델과 일치를 이루고 있어, 잠재된 다양성처럼 기업의 이미지를 구체화하는 차이점이 있다. 이와 같이 전통적인 고객만족에 대해서는 국가적인 차원의 움직임도 상당하며 매우 활발함을 분석할 수 있지만, 전자상거래에서의 고객만족에 대한 개념은 아직 명확하지 않다. 다만, 전통적 상거래에서의 고객만족 개념을 전자상거래에 적용하기 위한 기초 연구의 움직임이 일어나고 있는 것으로 분석됨에 따라 본 연구에서는 한정적으로 전통적 상거래의 고객만족에 대한 개념을 상당부분 원용하여 전자상거래에서의 고객만족, 즉 전자상거래 고객만족이라는 개념으로 정리하고자 한다.

(2) 고객반응에 관한 연구

고객반응에서 서비스 접점(Service Encounter)은 서비스의 중요한 부분이다. 서비스를 고객에게 직접 적용하고 또한 고객의 반응이 나타나는 곳으로 고객과의 상호 작용이 발생하는 개념으로 인식되고 있다.

<표 2-1> 고객반응에 관련한 연구자 분류

주제	연구자	주 요 내 용
서비스 실패와 회복	Goodwin and Ross (1992)	· 공정성 이론을 통해 서비스 실패에 대한 고객반응이 각각 절차 공정성과 상호 작용적 공정성의 지각에 영향을 받을 수 있다고 주장
	Kelley, Hoffman and Davis(1993)	· 일반 상품 소매업자들과 관계되는 661개의 주요사건 분류를 통해 15개의 다른 유형과 소매 실패와 독특한 회복 전략들을 밝힘
	Kelley and Davis (1994)	· 고객의 회복에 대한 기대의 효과적 관리는 서비스의 계속되는 실패에 대한 고객의 인식에 긍정적으로 영향 · 고객들에 의해 지각된 서비스의 회복은 원래의 서비스의 높은 질보다 더욱더 고객충성도의 수준을 증가
	Spreng, Harrel and Mackoy (1995)	· 서비스 회복 과정변수는 근본적인 서비스 결과 변수보다 총체적인 만족과 행동 의도에 더 영향을 미친다고 주장
	Smith, Bolton and Wagner (1999)	· 교환 프레임워크에 근거한 서비스 실패/회복 접점으로써 고객만족의 모델을 개발 · 서비스 실패/회복 접점의 고객평가를 설명하고 서비스 실패와 회복노력 간 적절한 '일치성'을 수립하기 위한 지침을 제공
서비스 대기 및 지연	Taylor (1994)	· 서비스에 대한 평가와 지연 간 관계를 실증적으로 평가; 서비스 지연에 대한 고객의 반응을 탐색; 서비스 평가와 지연 사이의 관계를 조정할 수 있는 변수들을 조사 · 인과적 귀인 이론을 바탕으로 서비스 지연에 대한 귀인의 결과가 대기에 대한 반응에 영향을 미친다고 주장
	Taylor and Claxton (1994)	· 사전서비스 지연 시 서비스성과 평가에서 발생하는 것이 무엇인지에 초점 · 서비스의 포괄적인 평가에 지연이 영향을 미칠 뿐만 아니라 지연 동안에 형성된 다른 속성의 평가와 포괄적인 평가를 결정함에 있어서 이들 속성의 중요성에 관심을 가질 필요가 있다고 주장

주제	연구자	주요 내용
서비스 대기 및 지연	Taylor (995)	· 대기의 효과, 대기에 대한 통제와 서비스 접점에서 다양한 성과 평가에 있어 대기 동안 시간이 채워진 정도의 경험에 대해 조사 · 지연 시 성과 평가는 서비스 제공자의 지연에 대한 통제 정도와 고객의 대기시간의 채워짐 정도에 의해 영향
불평 및 전환 행동	Singh (1988)	· 소비자불평행동은 불만토로, 제3자, 사적행동으로 구성된 세 가지 양상의 현상을 보임 · 다차원적 구조로 소비자 불평행동을 봄으로써 설명력과 예측력을 향상시킬 수 있다고 제시
	Singh and Wilkes (1996)	· 고객불평반응 과정의 이해에 있어 목적 이용에 대한 지지 제시 · 불평반응 과정에서 과거행동의 역할을 규명하는 데 도움을 제공하고 있음을 시사
	Tax, Brown and Chandraschekan (1998)	· 공정성 이론을 기초로 서비스 과정에서의 불만족 사건에 대한 평가를 탐색 · 효과적인 불만처리는 고객 유지와 위험한 구전효과를 막고 일선에서의 성과를 향상시키는 효과를 가질 수 있을 시사
	Keaveney (1995)	· 고객의 전환행동을 야기한 주요 사건들을 대상으로 분석한 결과 가격, 불편함, 핵심서비스 실패, 서비스 접점 실패, 서비스 실패에 대한 종업원 반응, 경쟁자에 의한 유인, 윤리적 문제, 비자발적 전환범주의 주요 원인변수를 제안한 고객전환모델을 제시

출처 : 최동궁 외(2000)

고객반응은 경영에서 매우 많은 관심의 대상이 되고 있다. 비단, 경영 분야뿐만 아니라 전자상거래에서도 다를 바 없다. 기업은 고객의 긍정적 반응을 통해서 고객로열티를 극대화할 수 있고 매출을 증대할 수 있는 안정적인 환경을 구축할 수 있기 때문이다. 〈표 2-1〉은 최동궁 외(2000)의 고객반응 분류를 나타낸 것이다. 고객반응에 관한 연구

는 여러 학자들의 계속된 연구를 계기로 매우 활발히 진행되어져 왔
다. 고객반응은 시점에 대한 반응, 즉 신속성이 때론 부작용으로 나타
날 수도 있다[Ken Shelton, 1998; Tom Demarco 외, 1999]고 하여 시
점에 대한 반응은 신속성이 중요한 경우와 그 반대의 경우가 좋은 경
우 등 다양한 측면에서 해석될 수 있다. 이것은 전자상거래 환경에서
적시성이라는 말로 표현될 수 있을 것이다. 고객의 행동과 요청에 대
한 다양한 응대가 고객이 원하는 시점과 상황에 적용되는 개념으로
볼 수 있을 것이다. 현재의 전자상거래가 고객의 상황과 환경을 고려
하지 않고 있는 점을 볼 때에 고객반응에 관한 여러 학자들의 주장은
상당한 의미를 가지게 되며 점점 더 전자상거래에 있어서 고객반응에
관한 구체적인 연구가 필요함을 느끼게 된다고 사료된다.

〈표 2-2〉 연구자별 고객반응 측정 속성

연구자	속 성
Donovan and Rossister(1982)	-호감, 쇼핑의 즐거움, 시간의 소비, 매장환경의 탐색, 친근감의 느낌, 재방문, 돈의 소비
Bearden and Teel(1983)	-좋다-나쁘다, 현명하다-바보스럽다, 유익하다-해롭다
Sherman and Smith(1986)	-구매품목 수, 소비시간, 소비금액, 매장환경의 좋음과 좋지 않음
Bitner(1992)	-매력, 머무름/탐색, 돈의 소비, 재방문, 계획의 이행
Swinyard(1993)	-소비시간, 다른 품목 구입
Donovan, Rossister, Marcoolyn and Nesdale(1994)	-소비금액, 소비시간
Sherman, Mathurrand Smith(1997)	-소비금액, 호감(좋아함), 구매품목 수, 소비시간

연구자	속 성
유창조, 현소은, 전중옥 (1997)	-나쁘다-좋다, 부정적이다-긍정적이다, 싫어한다-좋아한다
이유재, 김우철(1998)	-재방문, 구전, 더 오래 머무름
박중환(1998)	-느낌이 매우 나빴다-느낌이 매우 좋았다

출처 : 김장하 외(2000)

고객만족을 소비경험의 결과로 간주하는 입장에서는 소비자가 경험한 희생에 대해 적절하게 혹은 부적절하게 보상받았다고 느끼는 인지적 상태나, 시장 전체뿐만 아니라 구매한 특정 제품이나 서비스, 소매상 혹은 쇼핑 및 구매행동과 같은 개별적 행위에서 유도된 정서적 반응 혹은 기대에 대해 불일치를 경험하는 경우의 감정과 소비경험에 대해 사전적으로 소비자가 갖는 감정이 복합적으로 야기하는 전체적인 심리적인 상태 등으로 정의를 내리고 있다.[Oliver, 1981; Westbrook, 1983; 서철현, 1999]. 김장하 외(2000)는 이와 대조적으로 고객만족은 평가 과정에 초점을 맞추어 정의될 수 있다며 〈표 2-2〉의 내용을 주장하였다. 호텔산업에서 구매현장의 고객반응 측정 속성에 개발 연구에서 〈표 2-2〉과 같은 고객반응에 관한 여러 선행 이론을 정리하여 제시하고, 연구의 결과로 소비금액, 체류시간 및 기간, 구매 및 이용품목 수, 호감, 불평·불만 등 5개의 속성을 고객반응 측정 속성으로 확정하고 각 속성의 당위성을 주장하였다.

이러한 연구의 결과는 호텔산업의 고객관리, 서비스품질 관리, 마케팅 전략개발 등에 유용한 자료를 제공할 수 있을 것이라 주장하였지만, 이 속성들을 호텔산업 전자상거래에서도 적용할 만한 가치가 있을지는 실질적인 적용연구가 이루어져야 할 것이다.

2) 전자상거래 고객만족 연구동향

기존에 알려진 고객만족 모델과 서비스 품질평가 방법을 그대로 전자상거래 환경에 적용할 수는 없지만, 여러 학자들이 전자상거래 서비스를 개선하고 고객만족을 강화할 수 있는 방법을 찾는 활동은 매우 활발하다고 볼 수 있다. 특히 2000년대에 들어 전자상거래에 대한 서비스와 고객만족에 대한 연구는 더욱 관심이 집중됐다고 볼 수 있다. 이것은 90년대 하반기 전자상거래에 대한 개념이 폭발적으로 등장하면서 동시에 일부학자를 중심으로 전통적 상거래에서의 고객만족 개념을 전자상거래에 시도하려는 움직임으로 간주된다.

그러나 이러한 연구들은 전자상거래가 경영학, 경영정보학, 컴퓨터공학, 산업공학, 소프트웨어공학 등 다양한 학문적 요소가 포함되고 최근 들어서는 커뮤니티(Community)나 디자인 등에 심리학적인 개념이 반영되는 등 전자상거래가 학문적 경계를 넘나드는 새로운 복합학문으로 발전되어 가고 있는 추세에서 과거의 전통적 개념에 입각한 연구를 진행하고 있는 점이 본 연구와의 관계에 있어 한계로 지적된다.

연구 결과에 대한 해석에 있어 몇몇 연구들은 개념적 수준에서 논의하는 데만 그쳐 그 결과와 주장이 과연 실질적으로 전자상거래 기업에서 도입하고 적용, 운영할 수 있는 것인지에 대해서는 의문을 자아낼 수 있는 부분이 상당수 있다.

전자상거래 고객만족 연구 동향의 항목에서는 본 연구가 가지는 의미에 있어서 동일한 방향을 지향하고 또한 본 연구의 이론적 배경과 토대를 마련해 주는 연구 결과를 중심으로 연구 내용과 결과를 분석하여 개념적 토대와 이론적 기초를 마련하고자 하였다.

전자상거래 기업의 성공을 위한 소비자 구매 의도 영향 요인 분석

[김성언 외, 2000]의 연구는 기업에서 소비자들의 구매 의도에 영향을 주는 요인은 무엇인지에 대해 분석하기 위한 연구로 적응성 요인, 쇼핑 편의성 요인, 신뢰 및 보증성 요인 등이 소비자들이 제품이나 서비스를 구매하고자 할 때 그들의 구매 의도에 긍정적인 영향을 미치는 것으로 나타났다고 주장하였다.

이러한 결과는 전자상거래가 시·공간의 제약을 줄여주고 어렵지 않게 쇼핑몰에 접근할 수 있도록 해 줌과 더불어 전자상거래를 통한 배달체계가 신뢰성을 부여할 때 소비자들이 긍정적인 구매 의도를 갖게 됨을 시사해 준다고 밝혔다. 더불어 기업들이 웹사이트를 개발할 때는 웹사이트의 환경에 기업의 공신력을 부각시키고 주문한 제품이나 서비스 배달에 대한 신뢰나 확실성을 인지하도록 하는 내용을 웹사이트 개발에 반영하면 고객의 유치에 많은 도움이 될 것이라고 주장하였다.

전자상거래와 전통적 상거래에서 고객이 지각한 가치비교[장시영 외, 2000]는 편리성, 비용절감, 시간 절약, 정보충족, 신뢰성, 협상의 즐거움, 인적 교류, 쇼핑의 즐거움의 가치 요인을 바탕으로 쇼핑의 태도에 영향을 미치는지에 대한 연구를 시행하였으며 이에 대한 결과가 재구매 의도에 영향을 미치는지에 대한 내용도 연구하였다.

상기 연구 내용에서 신뢰성, 인적 교류, 쇼핑의 즐거움의 요인들이 전통적 상거래에 대한 태도와 재구매 의도에 유의한 영향을 미치는 것으로 나타났음을 밝히고 있으며 이는 전자상거래가 해결해야 할 과제로 제시하였다. 인적 교류에 대한 설문 내용은 "판매원과의 접촉/접속은 나에게 만족감을 준다", "판매원과의 대화/통신은 제품(서비스) 선택에 도움을 준다" 등으로 분석 결과 현 전자상거래에서의 인적 교류를 보면 게시판과 전자우편 등을 사용하는 정적인(static) 교류를 하고 있다고 사료되며 이에 대한 구체적인 연구가 필요함을 인지할 수 있게 된다.

인터넷 쇼핑몰의 서비스품질이 소비자 만족에 미치는 영향[정경수 외, 2001]은 인터넷 쇼핑몰의 서비스 품질이 소비자 만족에 미치는 영향을 분석하여 소비자 만족을 높일 수 있는 방안을 제시하기 위한 연구로 서비스 품질 요인이 소비자 만족에 영향을 미친다는 연구모형을 제시하였다. 서비스 품질 요인은 유형성, 신뢰성, 응답성, 확신성, 공감성, 용이성, 문제 해결성, 보안성의 세부 요인으로 구성되었다. 연구 결과 소비자들은 가상공간에서 제품과 서비스를 얼마나 시각적으로 표현하는지에 대한 관심이 매우 높았으며 이에 대한 방안 제시로 인터넷 쇼핑몰 운영 기업과 시스템 개발자들은 시각적 측면을 고려한 설계와 운영에 많은 노력을 투입해야 할 것이라고 주장하였다.

또한 서비스 제공자가 소비자의 필요와 욕구에 얼마나 빨리 응답하는지에 대한 응답성 요인이 소비자 만족에 직접적인 영향을 미치는 것으로 나타나 실시간 질의응답 시스템 등과 같은 고객과의 통로를 통하여 소비자들의 필요에 신속하게 대처할 필요가 있음을 주장하였다.

인터넷 쇼핑몰 회원가입자의 관계품질에 영향을 미치는 요인에 관한 연구[박준철 외, 2002]는 인터넷 쇼핑몰의 상호 호혜원칙에 근거하여 회원제 인터넷 쇼핑몰 상황에서의 관계 품질을 검토하기 위한 것으로 구체적으로 인터넷 쇼핑몰이 회원 고객에게 제공하는 요인을 편의성, 제품다양성 및 제품정보, 쇼핑몰 디자인, 서비스 품질로 구분하고 이들 요인이 고객만족에 미치는 영향과 나아가 고객만족이 인터넷 쇼핑몰의 성장과 관계유지, 확대에 기여하는 관계품질에 어떠한 영향을 미치는지를 검토한 연구이다. 이들의 연구는 이론적 배경으로 인터넷 쇼핑몰에 대한 선행 연구들의 결과를 제시하고, 인터넷과 쇼핑몰의 고객만족에 관한 선행 연구를 〈표 2-3〉과 같이 보였다.

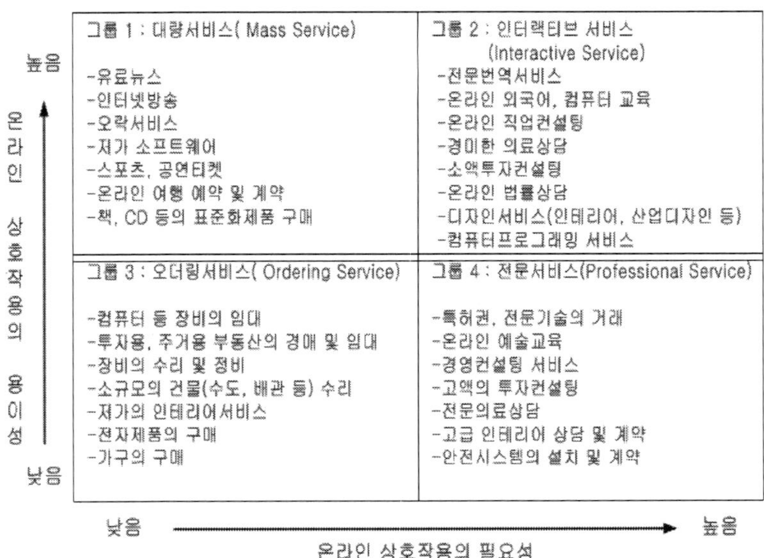

(그림 2-6) 전자상거래에서의 그룹별 서비스 분류

전자상거래 서비스상품 분류에 대한 연구[조성의 외, 2002]는 전자상거래에서 서비스와 서비스상품을 특성에 따라 분류하며, 분류의 결과와 고객의 전자상거래 구매 의도와의 관계를 분석한 연구이다. 본 연구에서는 온라인 상호 작용의 용이성과 필요성 간에 대한 심층적인 분석을 시도하였는데 구체적인 내용을 살펴보면 (그림 2-6)과 같다.

조성의 외(2002)는 전자상거래와 기반기술 등의 발전에 따라 상호 작용 서비스에 대한 용이성이 높아지고 있으며, 이와 더불어 대량서비스가 발전함에 따라 특정 온라인 프로세스만을 대행하는 새로운 형태의 사업모델이 형성될 것이라고 하면서도 "상호 작용서비스 측면에서는 자동화 기술과, 에이전트 기술 등의 발전으로 인해 직접적인 상호 작용은 감소할 것이다. 그리고 이와 반대로 고객화와 차별화에 대한 사항은 증가할 것"이라고 주장하였다.

<표 2-3> 인터넷 쇼핑몰의 고객만족에 영향을 미치는 요인

세부주제	연구 내용	연구자
인터넷 쇼핑몰에서의 고객만족에 영향을 미치는 요인	인터넷 쇼핑몰에서의 쇼핑의 편리성은 고객과의 관계가 향상됨으로 인해 쇼핑몰을 살펴보기 쉽게 하고, 쇼핑시간을 절감시켜주며, 편리하도록 구성해야 함	Szymanski and Hise, 2000; 신기영 외, 2002, 안준모, 한상록, 1999; 강재정, 2000; Kambil, 1995, Selz and Schubert, 1997
	다양한 제품과 많은 제품정보 제공은 고객에게 더 나은 구매의사 결정에 기여함으로 인해 판매제품이 제한적 생산이나 흔히 구매할 수 없는 것일수록 고객의 만족도는 향상됨	박준철, 2001; Szymanski and Hise, 2000; 강재정, 2000, 안준모, 한상록, 1999; Selz and Schubert, 1997; 한병언 외 1998
인터넷 쇼핑몰에서의 고객만족에 영향을 미치는 요인	온라인 쇼핑몰은 비대면 거래이기 때문에 쇼핑에 대한 신뢰성에 영향을 미칠 수 있는 인터페이스와 디자인에 대한 부분에 신경을 써서 고객이 심리적으로 위축되지 않도록 해야 고객과의 신뢰감 형성에 기여할 수 있음	Szymanski and Hise, 2000; 안준모, 이국희, 2001; 김광용, 김기수, 1999; Kambil, 1995; Selz and Schubert, 1997
	인터넷 쇼핑몰에 대한 서비스품질에 대해 각별한 주의를 해야 하며, 주문에 대한 신속한 처리, 주문 후 고객의 요구사항에 대한 신속한 반응 등이 이에 해당함. 특히, 처리 결과에 대한 신속한 정보제공과 주문처리 상황을 실시간으로 확인시켜줌으로써 고객의 우려를 불식시켜 서비스 품질을 제고해야 함을 주장	정경수, 박용재, 2001; Li and Arnett, 2000

*출처 : 박준철 외(2002) - 원문의 내용을 표로 재구성 함.

또한 전자상거래 환경은 인프라나 기술수준, 고객의 수용성 변화와 함께 변화하며, 이에 따라 서비스 및 서비스상품도 고객의 관점에서 볼 때 분류 그룹 간에 이동가능성이 있다고 밝히고 있으며 이러한 사항에 대한 영향을 파악하기 위해서는 전자상거래 환경의 시간에 따른 변화를 반영하는 연구가 필요함을 주장하였다. 웹의 상호 작용 특성을 반영한 정보기술수용모형[장활식 외, 2002]에 관한 연구는 기존의 정보기술수용모형을 상호 작용(Interaction)을 담당하는 웹의 측면에 맞추어 정보기술이 사용성 측면과 상호 작용 측면을 규명하기 위한 목적으로 수행됐다. 연구 결과에서 웹 상황에 맞게 TAM(Technology Acceptance Model)을 확장하고 그 결과 지각된 사용의 용이성과 지각된 유용성이 웹을 사용하는 데 있어 개인이 가지는 지각 구조에 유의적인 영향을 미친다는 것을 규명하고 모형의 타당성을 확인할 수 있었다고 밝혔다. 구체적으로 이러한 결과를 해석해 보면 웹 사이트에 상호 작용 도구가 잘 갖추어져 있을 때 사용자는 해당 사이트에 긍정적인 태도가 형성되며, 지속적인 방문과 긍정적인 구전효과를 가지기 위해서도 우선적으로 사용자와 웹사이트 간에 상호 작용을 할 수 있는 기본적인 장치가 마련되어야 함을 알 수 있었다.

웹사이트 내에서 사회적 상호 작용성을 구성하는 감정적 유대감, 가상 세계의 몰입, 효과적 의사교환 창구의 활용, 전문가 및 공통의 관심사 등이 충분히 제공될 때, 사용자는 비록 해당 사이트 그 자체에 호의적인 감정을 느끼지 않더라도 충분히 방문하고자 하는 의도는 높으며, 또한 계속적으로 방문하고자 함을 알 수 있었다고 밝혔다. 결국, 웹 사용자의 재방문을 유도하고, 충성도를 높이기 위해서는 시스템 상호 작용의 지원과 사회적 상호 작용 모두가 중요함을 지적하고 있다.

전자상거래에서 물류서비스 품질과 고객만족에 관한 연구[이민호 외, 2002]는 인터넷 쇼핑몰에서의 물류서비스 품질이 고객만족에 미치는 영향을 분석하여 고객만족을 높일 수 있는 방안을 제시하고 있다. 물류서비스 품질 결정 요인과 고객만족 간의 직접적인 관계를 쇼핑몰의 유형과 물류서비스의 과거 이용경험 유무에 따라 분석함으로써 고객만족에 영향을 미치는 요인을 밝혔다. 연구 결과 종합몰의 경우에 대응성, 공감성, 정확성, 신뢰성이 고객만족에 영향을 미치는 것으로 나타났으며 전문몰의 경우에는 대응성, 정확성, 신뢰성만이 영향을 미치는 것으로 나타났다. 특히, 연구에서는 설문 응답자의 가장 많은 수가 물류서비스의 정확성을 제일 중요하게 생각하고 있었으며, 그 다음으로는 고객에 대한 대응성과 공감성을 선택하여, 정확성, 대응성과 공감성을 중요하게 고려해야 할 사항으로 연구 결과 전자상거래에서의 물류서비스 품질과 고객만족 간에 중요한 요인임을 주장하였다.

상기 연구에서 대응성은 PZB(1988)의 정의를 "고객을 돕고, 신속한 서비스를 제공하려는 태세"라고 인용하면서, '운송서비스가 언제 제공되는지 고객에게 정확하게 통보한다든지, 문의를 하면 신속하게 응대하고, 고객을 기꺼이 도와줄 태세를 가지고 있고, 그리고 바빠도 고객이 운송에 관한 문의를 하면 항상 응대하는 것'으로 대응성을 측정하였다. 이러한 대응성은 본 학위논문이 지향하는 바와 상당부분 일치하는 바가 크다고 생각되며 전자상거래의 범주 안에 있는 물류서비스에 대한 대응성은 다른 전자상거래 관련 연구 결과의 대응성과도 상당부분 일치하는 경향이 있음을 알 수 있다.

이정섭 외(2003)는 전자상거래를 인터넷 상거래의 범주에 포함하여 수행한 연구로 인터넷, TV홈쇼핑, 전통적 상거래를 하면서 고객들이 주요하게 지각하는 요인들은 무엇인가를 규명하는 것과 이들 간에 만족도를 형성하는 것은 무엇인지를 위한 분석 연구였다. 연구에 대한 배경으로 상호 작용 시스템을 이용한 상거래에서의 고객 행동에 관한 기존 연구를 정리하였으며, 상호 작용 시스템의 예로 전화, 카탈로그, 전자우편, TV 등을 들었다.

분석 결과 신뢰성은 전통적 상거래가 상호 작용 시스템을 이용한 상거래들보다 단연 높아 TV홈쇼핑 및 인터넷 상거래 업체들은 고객들과의 신뢰성 확보를 위해 제품(서비스) 품질, 사후 관리 준수 등에 많은 노력을 기울여야 할 것으로 전망됨을 주장하였으며, 시간 절약 요인도 전통적 상거래보다 상호 작용 시스템을 이용한 상거래보다 낮게 지각되어 쇼핑 과정상에 신속한 처리를 고객들이 원하고 있음을 알아야 한다고 밝혔다. 이러한 연구 결과는 IT기술의 보급으로 일반 소비자들의 욕구가 더욱 높아졌으며 전자상거래가 비대면 상거래의 특징을 가짐으로 인해 거래 신뢰성에 대한 대응과 시간 절약에 따른 신속성 측면의 연구가 있어야 함을 의미한다고 이해될 수 있다.

소비자의 온라인 구매 경험에 따른 전자상거래 신뢰형성 요인에 관한 연구[박철 외, 2003]는 기존 전자상거래와 관련한 소비자 신뢰연구들이 주로 신뢰형성의 선행변수들을 찾는다거나 또는 신뢰형성의 결과에 초점을 맞춘 연구라는 한계점을 지적하면서, 신뢰라는 것이 단기간에 형성되는 것이 아니라 시간의 흐름에 따라 서서히 형성된다고 주장하였다. 또한 전자상거래를 충분히 경험해 본 사람과 그렇지 못한 소비자 간에는 신뢰를 형성하는 요인이 다를 것이라면서 전자상거래 사이트에 대한 소비자 신뢰형성 요인을 밝히고, 또 이러한 소비자의 온라인 구매 경험별로 비교하여 전자상거래의 소비자 신뢰형성 요인과 온라인 구매 경험별 신뢰형성 요인은 어떤 차이가 있는지를 규명하기 위한 연구였다.

연구 결과 온라인 구매 경험이나 빈도에 따라 인터넷 쇼핑몰에 대한 신뢰형성 요인이 다르다는 것이 증명되었으며, 온라인 구매 무경험자들은 주로 외부에서 주어진 단서인 광고, 기업규모, 이미지 등에 의해 전자상거래 사이트에 대한 신뢰를 형성시키는 것으로 보인다고 하였으며 또한 온라인 구매 저빈도 집단은 아직까지 전자상거래에 대한 지각 위험(Perceived Risk)이 높은 상태라서 상대적으로 환불/배달과 같은 지각위험 가소 요인이나 편리/즐거움과 같은 전자상거래 혜택 요인에 의해 사이트에 대한 신뢰를 형성하는 것으로 보인다고 분석하였다. 뿐만 아니라, 온라인 구매 고빈도 집단은 사이트와의 관계를 구축하고 전자상거래 행위를 지속하는 데 필요한 확인접촉 요인과 안전보호 요인에 의해 신뢰를 형성하는 것으로 보인다고 분석하였다. 이에 따라 인터넷 쇼핑몰이 소비자들의 신뢰를 높이기 위해서는 배달 과정 추적, 주문확인전화, 담당자 접촉가능 등의 확인접촉 요인을 강화시켜야 할 것이라고 하면서, 더욱 신뢰 있는 쇼핑몰이 되기 위해서는 소비자의 불안을 감소시켜 주는 고객접촉점을 운영하는 것이 필요하다고 주장하였다. 구체적으로 상품담당자, 결제담당자, 배송담당자, 상담안내원과 즉각적이고 직접적이며 편리한 접촉 포인트가 운영되어야 한다는 것으로 실제로 인터파크의 인터넷 폰을 통한 상담전화의 웹 콜(Web-Call) 기능을 이용한 판매자 실명제 사례를 예로 들었다.

이로써 24시간 고객 콜센터를 운영하여 언제나 고객의 문의를 받으면 소비자의 신뢰를 얻을 수 있을 것이라고 하였으며, 고객은 이메일, 전화, 팩스 등 무엇이든 간에 기업과 확실한 의사소통을 원하기 때문에 고객과의 접점에서 오해와 불신의 소지를 다양한 커뮤니케이션으로 해결한다면 쇼핑몰의 신뢰를 높일 수 있을 것이라고 주장하였다.

인터넷 쇼핑몰 고객지원 서비스 실태 분석 및 개선방안 연구[김성아 외, 2003]는 인터넷 쇼핑몰이 가지고 있는 특성인 비대면 거래의 문제점에 따라 고객의 문의와 불만사항을 해결하기 위해 고객센터를 통해 고객지원 서비스를 제공하고 있으며 또한 운영해야 함을 강조한 연구로 국내 전자상거래 업체를 대상으로 고객지원서비스의 정도를 상담전화, 이메일, 게시판, 웹 콜센터, FAQ로 나누어 설문을 실시하였다.

설문 결과 상담전화를 이용하는 고객이 57%로 가장 많았으며, 다음으로는 전자우편을 사용하고 있는 것으로 나타났음을 밝혔다. 또한 가설검증 결과 쇼핑몰 종류에 따른 인터넷 쇼핑몰 구매 의도는 차이가 있는 것으로 나타났으며 고객지원 서비스 중에서 상담전화와 FAQ의 경우에는 고객지원 서비스 이용 후 인터넷 쇼핑몰 구매 의도에 차이가 있는 것으로 나타났고, 인터넷 쇼핑몰 고객지원 서비스(상담전화, 이메일, 게시판, FAQ, 웹 콜센터) 이용 후 만족도와 인터넷 쇼핑몰 구매 의도 간에는 상호 관련성이 있는 것으로 분석되었다고 하였으며 따라서 고객지원 서비스에 대한 만족도가 구매 의도에 큰 영향을 미치는 것으로 연구 결과가 나타났음을 주장하였다.

〈표 2-4〉에 제시한 바와 같이 김성언 외(2000), 이정섭 외(2003) 등 10여 개의 연구논문을 종합한 결과 전자상거래 서비스 극대화와 고객만족을 위해서는 기존연구들이 미처 수행하지 못한 부분에 대한 연구, 즉 대응성과 반응성, 신속성 등으로 고객만족을 위한 여러 연구의 향후과제로 남는 것을 분석할 수 있었으나, 단순한 요인의 검증을 수행하기엔 어렵다는 것이 여러 학자들의 공통된 견해로 나타났다.

전자상거래와 관련된 주요한 이슈로서 신뢰성의 문제를 들 수 있다. 이것은 제품에 대한 불신에서부터 제공되는 정보의 불신과 제품판매자 그리고 운영자에 대한 신뢰성 문제 등으로 요약된다. 판매자와 제품에 대한 신뢰성 문제는 전자상거래가 해결해야 할 문제로 지적된다면서 인터넷은 전통적 상거래보다 공급자의 협상력을 감소시키고 있다고 하였다.[김재일(2001)]

〈표 2-4〉 전자상거래 고객만족에 관한 연구 정리

연구주제	주요 연구 내용	연구자
전자상거래 고객 (소비자) 만족과 고객반응	소비자들의 구매 의도에 영향을 주는 요인으로 적응성, 쇼핑편의성, 신뢰 및 보증성을 강조	김성언, 나선영(2000)
	전자상거래와 전통적 상거래의 비교 연구에서 신뢰성, 인적 교류, 쇼핑의 즐거움이 전통적 상거래에 대한 태도와 재구매 의도에 영향을 미치는 것으로 파악되어 전자상거래가 지향해야 할 방향을 제시	장시영, 이정섭(2000)
	인터넷 쇼핑몰의 서비스품질이 소비자만족에 영향을 미치는 연구 결과 유형성과 응답성 요인이 가장 두드러진 특징을 보였음을 제시	정경수, 박용재(2001)
	회원가입자의 관계품질에 영향을 미치는 요인의 연구 결과 편의성, 제품다양성 및 제품정보 쇼핑몰 디자인, 서비스 품질을 제시	박준철, 윤만희(2002)
전자상거래 고객서비스 환경 제고	신뢰라는 것이 단시간에 형성되는 것이 아니기 때문에 전자상거래 경험에 따른 신뢰 요인은 다를 것이며 궁극적으로 기업들은 소비자 불안 요인을 감소시켜 주기 위한 고객접촉점의 운영을 제시	박철, 강병구(2003)
	고객지원 서비스 실태 분석 및 개선방안 연구로 인터넷 쇼핑몰 고객지원 서비스 이용 후 만족도와 구매 의도 간 상호 관련성이 있음을 강조	김성아, 문형남, 김주안(2003)
고객반응을 위한 전자상거래 환경과 상품연구	전자상거래 서비스 상품 분류에 대한 연구로 온라인 상호 작용의 시각에서 접근하여 4개의 그룹별로 상품을 분류하여 제시	조성의, 박광태(2002)
	웹의 상호 작용 특성을 반영한 정보기술수용모형에 대한 연구로 전자상거래는 상호 작용 도구가 잘 갖추어져 있어야 고객반응효과가 나타날 수 있음을 강조	장활식, 김종기, 오창규(2002)
	물류서비스 품질과 고객만족에 관한 연구로 정확성과 대응성 그리고 공감성에 대한 중요성을 강조	이민호, 박광태(2002)
	상호 작용 시스템을 이용한 상거래 매체 간 비교 연구에서 신뢰성은 전통적 상거래가 상호 작용 시스템을 이용한 상거래보다 훨씬 높아 신뢰성 확보 방안에 대한 관심을 촉구	이정섭, 장시영(2003)

고객이 웹을 통해 공급자에 대한 많은 정보를 쉽게 얻을 수 있기 때문이라면서, 공급사는 고객과의 관계 강화에 힘을 쏟아야 하며, 고객과 많은 정보를 실시간으로 공유하여야 할 것이라고 하였다. 또한 고객 서비스를 위해 협력적인 관계가 형성되어야 한다고 하였는데, 네트워크 시스템의 구성을 통한 고객만족의 실현을 강조하였다. 많은 전자상거래 기업들은 판매 증가를 위해 노력하고 있다.

전자상거래의 출발이 Hotwired.com(1994)의 웹 페이지에 배너광고를 띄우면서 시작[Kenneth C. Laudon 외, 2002]된 이래로 불과 10년 정도밖에 지나지 않은 시간에 전자상거래는 매우 빠르게 확산 보급되었으며 전통적 상거래가 다루지 못하는 측면의 틈새시장을 형성하면서 발전해 왔다. 국내에서도 1996년 인터파크 등의 업체가 전자상거래를 시작한 이래로 8년이 채 지나지 않은 시점에서 매우 빠른 성장을 했다. 전자상거래의 확대와 발전에는 전자상거래 장점 중의 하나인 낮은 진입장벽과 비용절감이라는 특징으로 인해 전자상거래 확산의 기폭제가 되었다고 볼 수 있다.

그러나 현재의 전자상거래 단점을 지적하면 전자상거래를 단순하게 전통적 상거래가 다루지 못하는 측면에서의 상거래 모델로 간주하여 적극적인 고객서비스와 고객만족에 대한 서비스 환경의 지원에 대한 연구 및 노력이 부족했다는 것이다. 구체적으로 인터넷을 이용한 전자상거래 모델이 도입될 때에는 네트워크의 인프라가 아직 덜 구축되어서 적극적인 고객서비스를 시행할 시 발생되는 과다한 정보처리와 트랜잭션에 대한 부담이 상당했고 이러한 비용 부담을 영세한 기업들은 소화해 내지 못하였다. 그 결과 상품의 저가정책 일변도의 전자상거래 모델을 구사하였고, 이러한 흐름은 전자상거래의 특징으로 굳어지는 느낌이 감지되고 있다고 분석된다.

　그렇지만, 기업들의 움직임은 의도적인 것이라기보다는 새로움에 대한 두려움, 즉 관련 연구의 부족에 대한 투자의 곤란함에 의한 결과라고 보는 시각이 옳을 것이라고 판단된다. 국내외를 비롯한 다양한 연구 자료에서도 본 연구가 다루고자 하는 분야에 대한 주제는 극히 적었고 이러한 연구 자료의 부족이 전자상거래를 전통적 상거래가 다루지 못하는 측면에서의 비즈니스모델과 저렴한 비용으로 운영할 수 있는 비즈니스 모델이라는 인식을 발생시킨 원인이라고 분석된다.

　본 연구의 선행 조사 중 국내의 대표적인 전자상거래 기업의 기획 담당자는 "현재의 전자상거래 경쟁구도는 누가 얼마만큼의 고객서비스를 제공하느냐보다는 어느 기업이 동일 조건과 품질에서 더 저렴한 가격의 제품을 공급하느냐로 치닫고 있다"고 말했다.[1] 뿐만 아니라 가격정책위주의 사업을 펼치다 보니 전통적 상거래에서 제공하고 있는 고품질의 고객서비스를 제공하기에는 현실적으로 어렵다[2]고 하며 또한 그러한 고객서비스를 제공하게 되면 현재의 전자상거래 기업들은 그런 부분에 대한 비용부담을 이겨내지 못할 것이기 때문에 적극적인 고객서비스에는 신경을 거의 쓰지 못할 것이라는 반응을 보였다. 이러한 반응은 상기 부분에서 언급한 사항을 뒷받침해 주는 사례이다. 결국 연구 부족에 따른 기업의 고객만족에 대한 인식이 왜곡돼 가고 있는 것이다.

　그러나 인터넷을 비롯한 각종 네트워크관련 기반시설과 컴퓨터 기술 등을 보면 꾸준한 발전이 뒤따르고 있고 인터넷도 32bit의 IPv4에서 128bit의 IPv6으로의 전환노력이 진행되고 있어서 여러 가지 환경

---

1) 본 연구의 사전조사 기간 중 대기업, 중견기업의 전화설문조사에 의함.
2) 본 연구의 사전조사 기간 중 전화설문에서 양대 기업군에서 공통된 의견을 보임.

기반적인 측면에서 상당부분 고급서비스 제공에 대한 근본적 문제가 해결되리라 전망한다.

그러나 이러한 기술개발과 발전이 있음에도 불구하고 본 연구를 비롯한 몇몇 연구 결과의 적용으로 일반인들의 전자상거래에 대한 개념의 원천적인 변화는 다소간의 시일이 걸릴 것이지만, 전자상거래 기업이 겪고 있는 위기(낮은 가격이 경쟁력인 듯 전자상거래가 단편적인 모델로 흘러가고 인식되는 경향 등)에 적극적인 고객만족 서비스 제공 등의 노력은 현 위기를 벗어날 수 있는 최선의 방안 중 하나일 것이라 사료된다.

<표 2-5> 마케팅 개념의 변화[김성희 외, 2003]

구 분	대중 마케팅	표적 마케팅	일대일 마케팅
대 상	대 중	표적 집단	개 인
시장접근 방법	비차별적 마케팅	차별적 마케팅/ 집중 마케팅	데이터베이스 마케팅
마케팅 목표	시장점유율, 매출액	고객만족도	고객점유율, 고객만족도, 매출액
경제원리	규모와 경제	-	범위의 경제
관 리	제품 관리	-	고객 관리
커뮤니케이션	단방향(one-way)	-	쌍방향(two-way)

인터넷은 1:1 마케팅이 가능하고 쌍방향의 채널을 가지고 있으며 관계 중심적인 면이 있는 등 여러 장점이 있기 때문에 전자상거래의 장점 중 하나인 고객 구매 형태 분석의 용이함과 그에 따르는 적극적인 마케팅으로 거듭날 수 있을 것이라는 의견은 인터넷 마케팅에서 강조하고 있는 기본적인 내용이다. 그러나 이와 같은 주장에도 불구하고 실질적으로 이루어지고 있는 사항들은 좀 느슨한 결합으로 표현될

수 있는 약한 고객관계 서비스라고 판단된다. 즉 인터넷 마케팅에서 주장하는 기대적인 개념들 중 일부분은 이루어지고 있으나 고객위주의 쌍방향, 고객 중심, 관계 중심 등의 측면에서는 오히려 전통적 상거래보다 더디고 어려운 감이 드는 측면도 상당부분 있다. 더욱이 그것이 컴퓨터와 인터넷이라는 고도의 기술과 정보의 결집체라는 측면에서 본다면 이 문제는 모순적인 의미를 안겨준다고 판단된다. 인터넷 마케팅이 주장하는 기본적인 개념은 상당히 유효하고 강한 인상을 주기에 충분하다. 그러나 현실적으로 전자상거래 기업들이 인터넷 마케팅에서 주장하는 다양한 가능성을 제공하고 있지 못한 상황에서 본 연구가 추구하는 방향과 내용을 결부시킨다면 실무적인 기능에서 보다 향상된 고객서비스 환경 마련이 달성될 것이라 사료된다.

박철 외(2003)는 소비자의 온라인 구매 경험에 따른 전자상거래 신뢰형성 요인에 관한 연구에서 현재의 전자상거래 기업들이 안고 있는 경영적 어려움을 이기고 경영의 활성화를 위해서는 고객접점의 설치를 주장했다. 구체적으로 상품담당자, 결제담당자, 배송담당자, 상담안내원과 즉각적이고 직접적이며 편리한 접촉 포인트가 운영되어야 한다는 연구 결과와 주장 그리고 공급자의 교섭력을 강조한 김재일(2001)은 전자상거래 고객반응유도모델의 연구와 일견 비슷한 의의를 가지는 연구와 주장으로 이해될 수 있다.

2. 전자상거래 고객만족 지원 시스템

1) 전자상거래 지원 시스템 관련 연구

전자상거래는 1994년 Hotwired.com에 배너광고가 처음으로 등장하여 인터넷을 배경으로 하는 전자상거래 1세대가 시작[Kenneth C. Laudon 외, 2002]되었고 지금에 이르기까지 상호 작용의 측면에서 인터페이스와 정보처리 등 많은 발전을 이루어 왔다.

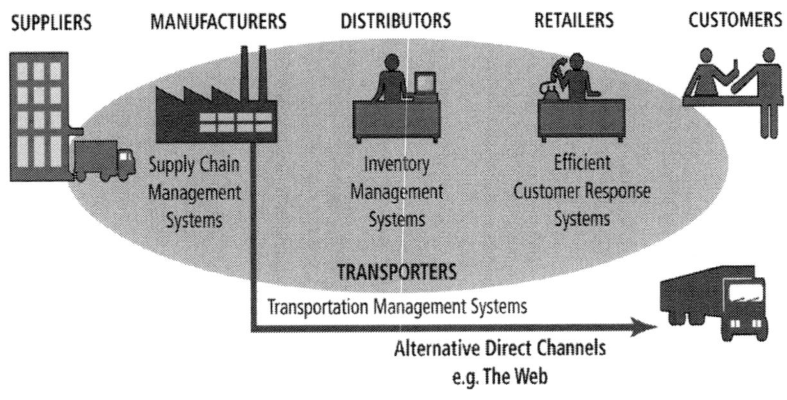

(그림 2-7) 전자상거래와 산업 가치 사슬

Kenneth C. Laudon 외는 (그림 2-7)과 같이 전자상거래와 산업 가치 사슬을 설명하면서 고객과의 접촉점에 효과적인 고객반응시스템이 있어야 함을 강조하였다. 최근 개발되고 있는 전자상거래 지원 솔루션이나 또는 여러 애플리케이션의 동향을 살펴보면 (그림 2-7)과 같이 판매자와 고객을 사이에 두고, 전자상거래 시스템에 공급자관계관리(SRM, Supplier Relation Management), 공급사슬경영(SCM), 전사적자원계획(ERP, Enterprise Resource Planning), 고객관계관리 (CRM, Customer Relationship Management) 등으로 구성되는 특징이 나타난다. 웹과 정보기술이 통합된 전자상거래 모델의 컴포넌트 간 위치(그림 2-8)는 이러한 여러 가지 지원 시스템을 나타낸 것으로 특히 공급자와 고객 간에 긴밀한 상호 작용성의 보장과 정보교류에 대한 중요성과 신속성이 강조되고 있다. 지원 시스템의 공통적인 특징은 정보에 대한 시간적 관점에서의 신속성과 적시성적인 특징이 강조된다는 점이다. 이에 따라 제3절 제1항에서는 전자상거래 환경에서 주요하게 다루어지고 있는 몇몇 지원 시스템과 이를 지원하는 관련기술에 대한 동향을 기술한다. 확보된 배경지식은 본 연구에서 제안한 모델과 방법을 설계하고 구현하는 측면의 배경적인 지식체계를 형성할 것이다.

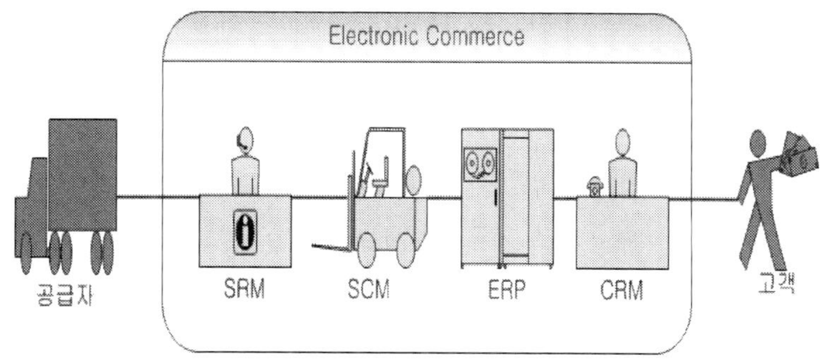

(그림 2-8) 웹과 정보기술이 통합된 전자상거래 모델의
컴포넌트 간 위치

(1) 고객관계관리

고객관계관리(CRM)는 고객과의 관계를 지속적으로 관리함으로써 고객의 로열티(Loyalty)를 향상시켜 재구매, 재방문, 고객충성도의 지속 및 향상 등을 유도하기 위한 관리기법이다. e-CRM은 CRM이 인터넷 기술과 접목된 것이며 최근에는 인터넷 기반의 eCRM이 CRM을 지칭하는 대표적인 솔루션 모델로 받아들여지고 있다.

CRM은 고객에 대한 정확한 이해를 통하여, 고객 개개인이 원하는 상품과 서비스를 제공하고, 각 고객과의 긴밀한 관계를 형성하고 유지하며, 고객의 요구에 즉시 반응할 수 있는 전략도구라고 할 수 있다.[Berry, Linoff, 2000; 김병곤 외, 2001] 고객접점이 매스미디어인 매스마케팅에 비해 정보기술을 기반으로 하는 CRM시스템의 상대적 우위성은 고객과의 상호 관계 향상, 기업의 수익모델 관리, 정보기술의 전략적 활용, 투자대비 효율성 증진 등이다.[Jan, J and kamber, 2001; 김병곤 외, 2001]

〈표 2-6〉에 제시한 고객관리의 시대적 변천은 앞으로는 더 이상 고객을 능동적 파트너로서 대우하지 않으면 안 되며 나아가서 쌍방향 의사소통의 원활해야 함을 이해할 수 있다. 이러한 CRM시스템의 목적은 결과적으로 고객과 관련된 기업내외부의 자료를 바탕으로 우수고객과 불량고객을 구분하여, 우수고객은 지속적으로 수익을 창출할 수 있도록 고객유지 비용을 늘리고, 불량고객은 비용을 줄여서 일대일 마케팅과 캠페인 활동의 비용절감과 효율성을 극대화하는 것이다.[김병곤 외, 2001]

CRM과 고객접점(Customer Contact)센터 구축 전략[김균태, 2001]은 CRM의 고객접점에 대한 관계를 자세히 기술하고 있다. 김균태

(2001)는 고객접점센터(Customer Contact Center)란 전화, 인터넷폰, 이메일, 팩스, 웹기반 문자채팅, 동화상, 모바일 등 다양한 멀티미디어 채널의 통합, 인바운딩(In-Bounding) 고객처리와 아웃바운딩(Out-Bounding) 고객처리의 통합, 그리고 콜센터를 통한 비용절감과 수익 창출의 통합을 지원하는 차세대 콜센터라고 하였다.

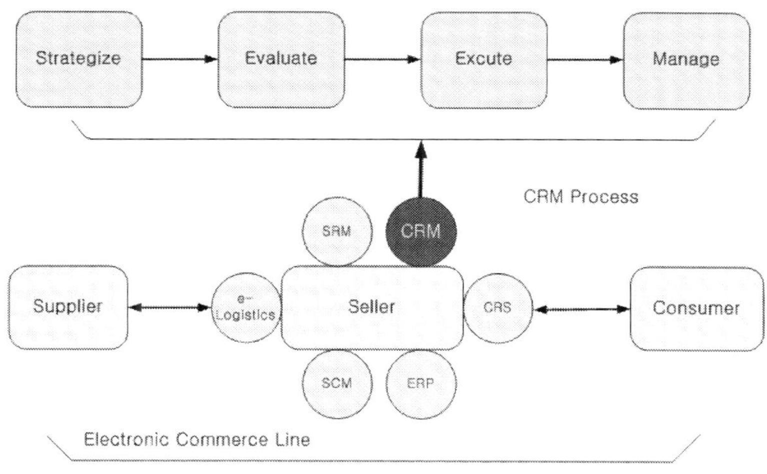

(그림 2-9) 전자상거래에서의 CRM 프로세스

CRM과 전자상거래의 접목을 도식화하면 (그림 2-9)과 같으며 CRM프로세스는 전략, 평가, 수행, 관리 등으로 이루어진다. (그림 2-9)에서 보이고 있는 CRM과 전자상거래는 본 연구자가 생각하는 이상적인 시스템을 도식화해 놓은 것이다. 판매자의 주변에 갖가지 솔루션들이 분산 설치되어 있으며 이 중에서 CRM은 고객행위 분석과 각종 캠페인 실시 등을 담당하는 역할을 맞는다. CRS(Customer Response System), 즉 고객반응시스템은 CRM과 유기적인 관계를 통하여 고객에 대한 최적의 서비스를 제공하는 관계를 나타낸 것이다. 그러나 (그림 2-9)에서 제시한 CRS는 현재 도입 운영되고 있는 고객응대시스템을 의미하는 것이며 동 시스템이 원활한 기능과 도입에 따른 여러 가지 측면에서의 문제를 해결하기 위하여 본 연구의 필요성이 있지만, 본 연구를 제외한 다른 일반적인 상황에서는 (그림 2-9)의 전자상거래 시스템적 구성 환경이 최근의 전자상거래와 e-비즈니스를 위한 최적의 구성으로 각종 연구를 종합적으로 해설하고 표현한 것이다. (그림 2-10)의 CRM이 차지하고 있는 영역의 그림은 CRM의 확장성을 보여주는 것으로 가트너 그룹이 제시한 모델이다.

<표 2-6> 고객관리의 시대적 변천[이상민, 2000]

비 고	판매 (1970년대)	CS (1980년대)	DBM (1990년대)	CRM (2000년대)
對고객 관점	수동적 구매자	선택적 구매자	개성화, 다양화된 구매자	능동적 파트너
고객과의 관계	전체 시장에 일방적 공급	고객만족도 (CSI) 측정, 일방적 관계	그룹화된 고객과의 일방적 관계	개별 고객과 쌍방향 의사소통
고객관리	단순 영업	영업과 판매 위주 서비스	IT기술팀 위주	전사적 관리

※ 주: CS=Customer Satisfaction, DBM=Database Marketing, CRM=Customer Relationship Management

(그림 2-10) CRM이 차지하는 영역

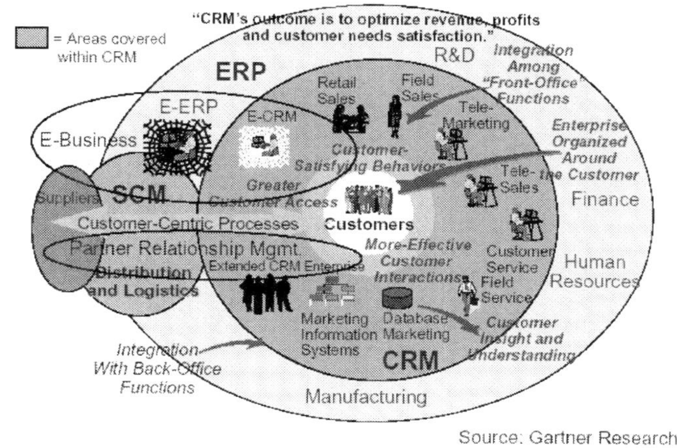

Source: Gartner Research

(그림 2-10)은 CRM의 영역에 대한 텔레마케팅, 각종 세일, 그리고 고객과의 관계증진 등의 세부 응용력을 설명하고 있다.[Gartner Research, 2001] 가트너는 CRM이 ERP, SCM, R&D, Manufacturing, Finance, Human Resource 등과 관련이 있다고 해석하였으며 고객을 중심에 둔 상황에서의 각 영역 간 관계를 도식화하여 설명하였다. 특히, 공급자와 CRM 사이에는 SCM이 존재하며 이들 3개의 영역을 관장하는 것은 CRM의 확장인 PRM(Partner Relationship management)라고 보았다. CRM은 다양한 분야에서 이용 및 응용될 수 있으며 궁극적으로 고객관의 관계 개선을 통해서 고객만족을 실현하기 위한 목적을 갖는다는 기본 원칙을 재해석한 것이라 분석된다.

① eCRM과 고객접점센터와의 관계

eCRM은 기본적으로 고객의 요구를 파악하고, 그 요구에 부응하는 제품과 서비스를 공급하며 지속적인 관계 관리를 통해 고객만족도를 향상시킴으로써 기업의 이익을 극대화하기 위한 전략적, 프로세스적, 조직적, 기술적 변화의 과정이라고 보고 있으며, 따라서 eCRM을 통해 고객과의 관계 관리를 효율화하기 위해서는 고객전략, 채널 및 제품전략 기술, 시스템, 조직구조 등 인프라전략의 세 가지 관점에서 eCRM의 구축이 수행되어야 한다. 고객접점센터는 eCRM의 구축의 세 가지 고려요소 중 기업의 채널전략의 측면에서 매우 중요한 역할을 하고 있으며, 아울러 인프라전략과도 밀접한 관련성을 갖는다. 채널 측면에서 eCRM은 다양한 통합채널의 복합체이며, 일반적으로 새로운 채널들은 고객접점센터를 중심으로 통합되게 된다. 고객접점센터가 eCRM의 구축에 있어서 채널들의 통합지점이 되는 이유는 기존에 기업의 대고객관련 정보를 수용하여 직접적인 활용을 하는 곳이 접점센터이기 때문이다.[김균태, 2001]

〈표 2-7〉 eCRM과 연관성이 높은 고객접점센터는 전자상거래에 적용가능한 고객과의 상호 작용 도구로 본 연구가 지향하는 주제와 매우 밀접한 연관관계가 있다. 현재의 전자상거래 모델 특히 B2C모델은 전자우편과 게시판(공개와 비공개)을 주요 수단으로 하는 고객 상호 작용기법을 사용하고 있다. 이러한 기법들은 고객의 요구에 정적인 응대체계이며 고객의 요구에 재빠르게 반응할 수 없다는 단점이 있다.[서순모, 2000]

② CRM Solution의 구분

CRM을 보는 관점은 비즈니스 목적에 따라 운영CRM, 협업CRM, 분석CRM으로 분류할 수 있다. 또한 비즈니스 프로세스 측면에서 보면 관계관리, CRM프로세스 관리, 접촉(고객 상호 작용)관리의 세 가지 계층으로 나눌 수 있는데 이러한 각 계층(Layer)이 독립적으로 사용되는 것이 아니라 기업 환경에 맞게 조화를 이루어야 효과적으로 CRM을 운영할 수 있다.

〈표 2-7〉 eCRM과 연관성 높은 고객접점센터 요소

기 술	기 능
웹 통합	-웹을 통한 접속과 전화를 통한 접속 시 동일인 인식 -전화와 웹을 통한 문의 병행 -웹상에서 해결되지 못한 문제를 적절한 고객담당자에게 전달
웹 채팅	-웹을 통하여 고객이 서비스 담당자와 직접대화 -한명의 상담원이 동시에 여러 명의 고객과 채팅이 가능하므로 전화에 비해 비용이 저렴
에스코티드 브라우징	-고객과 상담원이 필요에 따라 같은 화면을 공유함으로써 고객의 이해증진을 도움 -실시간 정보교환이 가능하여 고객만족과 상담원 업무효율 극대화
화이트보드	-상담원이 상담을 진행하는 도중 음성이나 문자만으로 의사를 정확히 표시할 수 없는 경우, 웹 페이지에 그리기 모드를 통해 의사를 전달하는 기능
UMS	-이메일, 팩스, 전화 등을 하나의 채널로 통합관리 -모든 접점채널을 통합함으로써 고객에게 가장 적합한 채널을 통해 서비스 제공
Click-to-Call	-별도의 절차 없이 One-Click만으로 상담원과의 음성상담 가능
전자우편 자동응답	-고객의 문의 및 질문 내용에 맞춤형 응답을 자동으로 전송 -기업이 접수한 전자우편 내용을 기록, 관리, 조정하며, 각각의 내용에 가장 적합한 담당자를 선정하여 응답
지능형 고객관리 시스템	-인공지능 소프트웨어 시스템을 통해 고객의 행동을 관찰하고 합당한 서비스를 제공
음성인식/ 음성처리	-음성명령에 따라 음성인식 및 응답 기능 수행 -텍스트를 음성으로 전환/음성을 텍스트로 전환기능
FoID(FOD)	-Fax over IP인터넷을 통한 팩스의 송수신 및 관리
웹 콜 백 (Web Call-Back)	-상담원이 통화할 수 없는 상황일 때 전화번호를 남기고 상담원이 전화를 걸어 주도록 하는 기능
파일전송	-고객과 상담하는 도중 원하는 파일을 고객에게 전송시키는 기능

출처 : 김균태(2001)

그렇지만, 전자상거래 기업은 상기와 같은 세부적인 기능분류에 의한 CRMS를 운영하기에 상당한 제약이 있다. 특히, 위와 같은 CRM솔루션의 구분은 전통적인 상거래에 있어서의 고객관계관리를 위한 것이기 때문에 전자상거래를 위한 환경에 대한 CRM, 즉 eCRM의 경량화에 대한 연구가 필요하다. 많은 기업들은 CRM의 장점에 대해서 긍정적인 생각을 가지고 있지만, 현실적으로 부담스러운 도입비용과 규모는 구체적이고 실질적인 연구를 통해 개선시켜 나가야 하는 과제를 안고 있다.

- **운영CRM(Operation CRM)**

프론트오피스(Front office)의 고객접점을 연계한 트랜잭션 업무 지원과 통합 비즈니스 프로세스의 자동화를 의미한다. 이는 다양하고 상호 연결된 고객 채널 그리고 프론트오피스(front-office)와 백오피스(back-office)의 통합으로 이루어지게 된다. 예로는 영업자동화, 마케팅자동화, 고객인터랙션 센터를 위한 애플리케이션이 있다.

- **협업CRM(Collaborative CRM)**

고객의 생애주기(Life-Cycle)를 통해 기업의 여러 채널들과 고객접점들 간에서 이루어지는 관계의 배치와 커뮤니케이션에 관한 모델로 정의 내릴 수 있다. 협업CRM은 고객과의 관계를 증진하기 위해 기업 내부의 조직과 공급망이 고객과 지속적으로 협력하고 정보를 나누는 거에 중점을 둔다. 따라서 협업CRM과 협업 전력의 목적은 고객 친밀도 증대, 고객 유지율 확장 그리고 신규고객창출을 지원하는 데 있다.

- **분석CRM(Analytic CRM)**

레거시 시스템(Legacy System) 및 개인 정보를 비롯하여 모든 고객

채널을 통해 입수된 정보를 통합하고 이를 분석하여 마케팅 기획과 응용에 활용하고 실제 마케팅에 응용된 정보를 피드백하는 전 과정을 의미한다. 정책 결정을 하는 비즈니스 이용자들이 운영계에서부터 광범위하게 얻어진 지식을 바탕으로 하여 의사 결정을 하도록 한다든가, 운영CRM, 협업CRM 부분에 고객지향적인 비즈니스 변환을 가능하게 한다는 것이 분석CRM에서 기업들이 얻을 수 있는 효과라고 볼 수 있다.

상기의 CRM 솔루션 분석을 통해 일반 경영과 비교해 보면 매우 많은 문제점을 가지고 있다. 본 연구의 사전 조사 중 파악한 전자상거래 기업들이 전자상거래라는 개념에 대한 접근방식에서 적은 비용으로 효과적인 비즈니스를 도모할 수 있는 수단으로 인식하고 있다는 점에서 전통적 기업의 CRM에 대한 세부적인 기능분류와 단지, 인터넷을 이용한다는 의미에서의 eCRM은 전자상거래 기업과 전자상거래의 환경에서는 현실적으로 도입이 어려운 맹점을 가지고 있다. 이러한 맹점은 과대 포장될 수도 있다. 마치, 새롭고 강력한 기능을 가진 것처럼 꾸며질 수 있는 것인데, 본 연구를 수행함에 있어서, 일부 대기업과 그리고 중견기업 중에서 몇몇 기업을 제외하고는 고객관계관리에 대해서 제대로 된 서비스를 제공하고 있는 기업들은 매우 드물었으며 다만, 낮은 수준에서의 고객관계관리를 시행하는 기업은 상당수 있었다. 그러나 그러한 낮은 수준의 고객관계관리는 고객들의 기대수준을 만족시켜 주기엔 한계가 있다고 사료된다. CRM이 의도하는 목적은 신속하고 편리한 고객서비스 제공으로 고객과의 지속적인 관계를 유지함으로써 고객로열티의 유지와 상승이다. 하지만, 모든 부분에서 전통적인 CRM기법이 적용되기엔 한계가 있으며 당초의 목적을 달성하면서 지속적이고 꾸준하게 전자상거래 환경에 도입 응용할 수

있는 보다 폭넓은 개념의 적용과 저렴한 비용을 특징으로 하는 CRM
기술과 솔루션의 연구와 개발이 필요하다.

(2) 공급사슬관리

① 공급사슬관리의 개요 및 주요 프로세스

최근에는 지능형 시스템 개념을 도입, 고객의 주문추이를 예측하여
적정한 자재를 구매계획하고 판매 및 수요예측을 진행하는 지능형
공급사슬관리(SCM) 시스템의 개발과 연구가 활성화되어지고 있다.
[Kenneth C. Laudon 외, 2002] SCM은 로지스틱스 연구의 다양한 방
법으로 정의된 최근의 활동이다. 또한 글로벌 공급사슬포럼은 SCM을
"제품, 서비스, 그리고 고객에게 가치를 추가하는 정보를 제공하는 원
공급자와 같은 것"이라고 정의하였다.

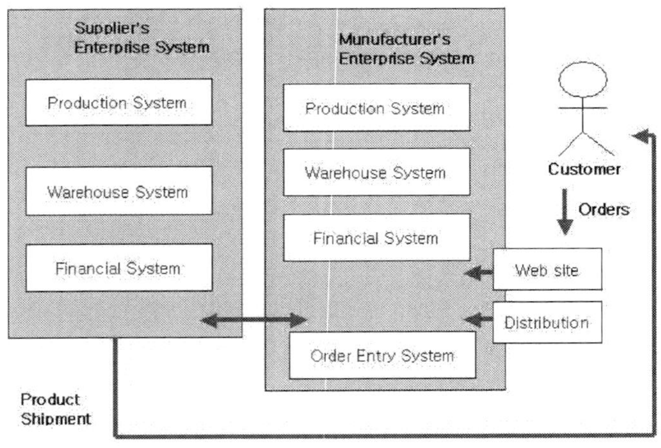

(그림 2-11) Supply Chain Management System
[Kenneth C. Laudon 외 2002]

〈표 2-8〉 공급사슬관리의 최적화의 레벨

구 분	내부적		외부적	
	단계 0	단계 1	단계 2	단계 3
	레벨 1/2 내부적인 서플라이체인 최적화	레벨 3 전자네트 워크형성	레벨 4 가치사슬 집합체	레벨 4+ 완전한 네트워크 연결체
목 적	소싱 및 물류	내부적인 우월성	서플라이 체인 구축	산업 리더십
조종자 (Driver)	부사장(VP)-소싱 (다른 경우도 있음)	CIO 서플라이 체인 리더	사업부의 리더	관리팀
이 익	대량 구매를 통한 절감 효과	우선순위에 따른 네트워크 개선	최고 파트너와의 업무 수행	네트워크 경정 우위, 유익한 수익
초 점	재고, 프로젝트, 물류, 수송, 주문 수행	프로세스 재설계 : 시스템 향상	예측, 계획 고객 서비스, 기업 간	소비자, 네트워크
도 구	팀 구성 : 기능적 우월성	벤치마킹, 업무 수행 사례, 활동 기준 원가계산(ABCM)	성과지표 (metrics), Datamining, EC	인트라넷, 인터넷, 가상정보 시스템
활동 분야	중간 레벨의 조직	확장된 레벨	조직 전체	글로벌 기업 전체
길잡이 (Guidance)	원가 데이터 : 성공적인 자금운용	프로세스 맵핑	진보된 원가 모델, 프로세스 차별화	수요/공급 연결
범 위 (Reach)	주요원가 카테고리 국지적(Local)	사업부	기 업	글로벌 인터페이스
모 델	없 음	서플라이 체인-기업 내부	서플라이 체인-기업 간	글로벌 시장
제 휴	공급자 통합	최고의 파트너	부분적 제휴	공동 기업
훈 련	팀	리더십	파트너 십	전체적인 프로세싱

출처 : Charles 외(2001) : 선지웅(2002)

　　이영해(2001)는 SCM을 수많은 중소기업에서는 물류관리, 배송관리, 생산관리, 금융관리 등 여러 가지 업무를 수행하고 있으며 인터넷 등 네트워크의 발전을 통해서 이러한 업무를 통합화하여 ERP라는 기업

내의 재무, 회계, 인사, 영업 등의 관리를 하나로 묶는 통합화 작업을 추진하고 있다고 말한다.

<표 2-9> SCM과 e-비즈니스 개발 프레임워크의 관계

발전단계 / 비즈니스 애플리케이션	레벨 1/2 내부적인 SCO (SC Optimize) 단계 0	레벨 3 전자 네트워크 형성 단계 1	레벨 4 가치사슬 집합체 단계 2	레벨 4+ 완전한 네트워크 연결체 단계 3
정보기술	포인트 솔루션 (정보 전달)	인트라넷에 연결 (정보의 상호 작용)	인터넷을 기반으로 한 엑스트라넷 (거래/취급)	전체 네트워크 커뮤니케이션 시스템(납기)
재품 및 서비스의 설계, 개발 및 신제품 출시	오로지 내부적	엄선된 외부원조	협력 설계 - 전사적인 통합과 생산재고 관리	비즈니스 기능관점 - 공동설계 및 개발
구매, 조달, 소싱	사업부별 수행	전체 네트워크의 통합 구매	주 공급자 원조, 웹-기반 소싱	최고의 구성원을 통한 네트워크 소싱
마케팅, 판매, 고객, 서비스	내부적 프로그램 개발, 판촉	고객 중심, 데이터 기반의 시작	소비자에 초점을 맞추기 위한 협력 개발	가치사슬 전반에 걸친 소비자 반응 시스템
엔지니어링, 계획 스케줄링, 제조	MRP/MPPII/DRP	ERP - 기업 내부적 연결	협력적인 네트워크 계획-최고의 자산 이용률	완전한 네트워크 비즈니스 시스템의 최적화
물 류	Push제조방식 - 재고 집약적	내·외부 공급자들을 통한 Pull 시스템	최고 수준의 구성원-두 가지 유통경로	통합 네트워크, 두 가지 유통경로의 최적화
고객 관리	고객 서비스 반응	고객 중심의 서비스-콜센터	세분화된 반응 시스템 고객관계관리	맞춤관리 - 고객관리 자동화
인적 자원	내부 서플라이 체인 훈련	네트워크 자원을 제공, 훈련	기업 간 자원의 가용성	완전한 네트워크 제휴 및 능력보유
		전자상거래 응용단계		

출처 : Charles 외(2001); 선지웅(2002)

진보적이고 혁신적인 기업에서는 이에 머무르지 않고 고객과 기업 그리고 한 기업에 연관된 다른 수많은 기업(예를 들어, 원자재 납품업체, 판매대행사, 물류 대행사 등)들과 하나의 시스템으로 통합하여 공급사슬관리 시스템으로 활용하고 있다고 주장하여 SCM은 기업 내의 최적화된 정보의 제공을 지원하는 모델로서의 의의를 가진다는 표현을 했다. 한국전자거래진흥원은 SCM을 제품과 서비스의 설계·판매예측·구매·재고관리·제조나 생산·주문관리·물류·유통·고객만족과 같이 조직의 통합된 프로세스를 계속적으로 개선시키는 방법과 시스템 및 리더십이라고 말하며, SCM은 공급자로부터 비즈니스 고객 및 최종 소비자에 이르기까지 제품·서비스를 제공하는 시장에서 경쟁 우위를 점했다는 것을 의미한다고 주장하였다.

Charles 외(2001)와 선지웅(2002)은 일반기업에서 SCM을 도입하기 위해 사항들을 상기의 〈표 2-8〉과 〈표 2-9〉같이 세부적인 단계로 표현하였다. 레벨 1/2에 있는 기업들은 주로 한번에 많은 양으로 소수의 공급자와 거래하는 규모의 경제로부터 이익을 얻기 위해 소싱과 물류를 개선하는 데 주력하고, 사람들이 서플라이 체인을 대상으로 하는 여러 관리 기술의 적용방법을 배우기 시작함에 따라서 보다 낮은 가격의 제품 및 서비스 제공, 잭의 감소, 낮은 운송원가 및 불필요한 정규직원의 감소가 이 레벨에서 달성된다는 의의를 담고 있다고 하였다.

구체적으로 가장 유익한 프로세스에 초점을 맞추어 현재의 개선 노력을 확장시킴으로써, 우선순위에 따른 계획적인 자원사용이 달성될 수 있다고 주장하였으며, 일반적으로 이 수준에서는 범-기능적(Cross-Functional)이고 범-사업부(Cross-Business Unit)적인 단위의 협업은 행해지지 않는다는 의견을 내세웠다. 레벨 3에서는 레벨 1/2에 비해 프로세스의 복잡성이 보다 증가하며, 내부적인 우월성을 창출할 수 있도록 프로세스를 강화하기 위해 공식후원업체가 임명되고, 공식후원업체와 정보담당이사는 범-기능적인 협업을 유도하고 조직 전체에 걸쳐 개선해야 하는 프로세스의 우선순위 리스트를 제작하기 위하여 서로 제휴해야 한다고 하였다.

그리고 범-부서 및 범-사업부 단위의 팀은 이러한 프로세스의 개선을 이루기 위해 구성됨으로써 조직의 기능적인 분할은 이 레벨에서 사라지게 된다면서, 기업들이 포인트 솔루션(각각의 관리 대상 및 기능에 따라 특화된 전문 솔루션) 및 내부 정보지원시스템(인트라넷)을 본격적으로 구축하기 시작하면 그때부터 전자상거래의 기틀이 마련된다고 의견을 제시하였다.

더욱이 e-SC(supply chain)로 발전하기 위해 기업은 먼저 레벨 3을 완성시켜야만 한다는 것을 주장하면서, 이 레벨이 완성되면 기업은 여러 측면에서 상당한 원가절감 효과를 얻을 수 있다고 하였다. 〈표 2-9〉 SCM과 e-비즈니스 개발 프레임워크의 관계는 완전한 네트워크 커뮤니케이션 시스템을 구축하여 이익을 얻기 위해서 어떻게 기업들이 자신의 서플라이 체인에 전자상거래의 유형들을 도입하여 융화하고 사용하는지를 비즈니스 애플리케이션별로 설명하고 있다고 볼 수 있다. 또한 서플라이 체인 네트워크 구성원들이 e-비즈니스 모델을 구축하기 위해 어떠한 위치에 있어야 하며, 어떠한 역할을 해야 하는지를 보여주고 있다고 분석된다. 〈표 2-9〉에서 세로축은 전자상거래 활동들에 의해 영향을 받게 될 여러 가지 비즈니스 프로세스를, 가로축은 SCO로 가기 위한 발전단계를 나타낸다.

Charles 외(2001)와 선지웅(2002)의 주장은 본 연구에 있어 고객반응유도모델이 기존의 SCM과 어떤 관계로 자리매김을 해야 하는지를 암시해 준다고 볼 수 있다. 이들은 전통적인 기업에서의 공급사슬관리

도입에 대한 각 단계를 설명하였으나, 고객반응유도모델은 단순한 고객의 요구와 행위 등에 대해 응대와 정보제공만을 하는 것이 아니라, ERP, CRM, SCM 등과의 유기적인 관계 속에서 고객 중심적인 전자상거래의 운영체계를 갖추자는 의의를 담고 있기 때문에 상기와 같은 주장은 본 연구에 있어 상당한 의의와 방향을 제시해 준다고 할 수 있다.

② 공급사슬의 목적

정봉주 외(2002)는 공급사슬의 목적에 대해서 발생되는 전체 가치를 극대화하는 데 있다고 주장하였다. 공급사슬이 발생시키는 가치는 고객에게 있어서의 최종 완제품의 가치와 고객 요구를 충족시키는 데 소요된 공급사슬의 노력 가치의 차이라고 말하며, 대부분의 상업적 공급사슬에서 가치는 공급사슬의 수익성과 밀접한 연관이 있다고 하였다. 또한 공급사슬의 수익성(Supply Chain Profitability)은 고객으로부터 생성되는 수입과 공급사슬에 걸쳐 생기는 총 비용과의 차이라고 하였다.

③ SCM의 흐름

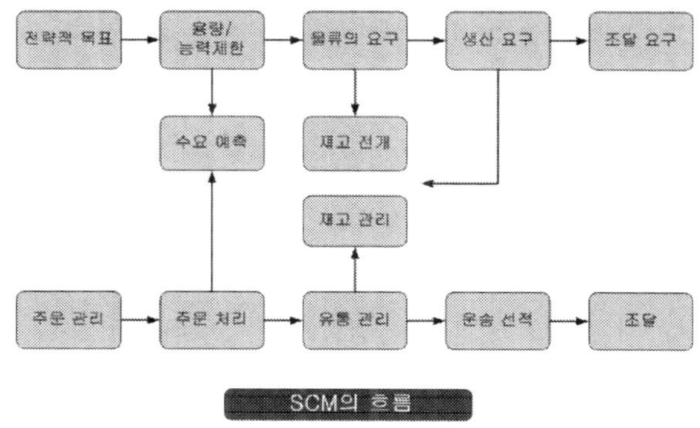

(그림 2-12) SCM 흐름도[이남용 외, 2001]

④ 공급사슬의 주기적 관점(Cycle View)

공급사슬 프로세스는 고객주문, 보충, 제조, 조달 등 네 가지 프로세스 주기로 나눌 수 있다고 하였다. 각각의 주기는 공급사슬의 두 연속 단계의 연결된 부분에서 일어난다.

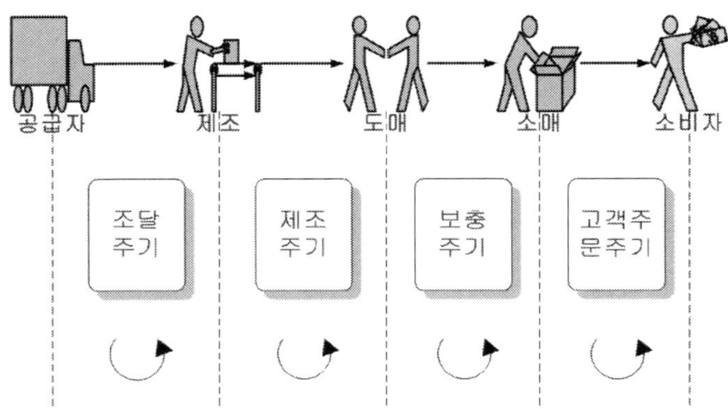

(그림 2-13) 공급사슬의 주기적 관점

정봉주 외(2002)는 공급사슬의 주기적 관점을 설명하면서 다섯 개의 공급사슬 단계는 곧 네 개의 공급사슬 프로세스 주기를 발생시킨다고 하였다. 본 연구에서는 고객반응유도모델과 SCM과의 관계에서 지향점을 파악하기 위해 공급사슬의 주기적 관점에 대해 정봉주 외(2002)의 주장을 세부적으로 분석해 본다. 이들은 모든 공급사슬이 네 개의 공급사슬 주기로 명확히 구분되는 것은 아니라면서, 소매자가 완성품 재고를 관리하고 제조업자 혹은 배송자에게 보충 주문을 하는 식품점 공급사슬은 네 개의 분리된 주기를 갖기 쉽다고 하였다.

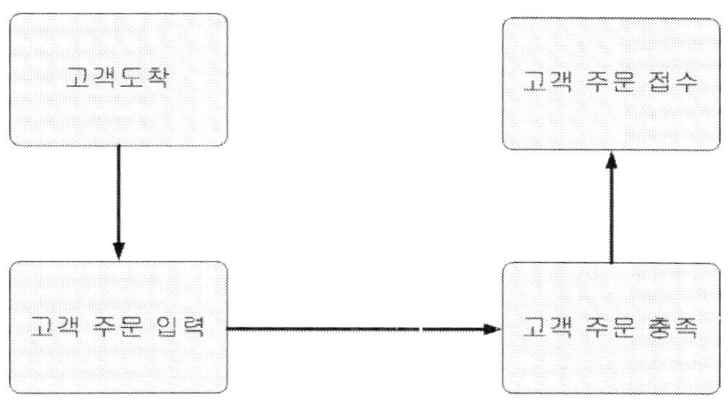

(그림 2-14) 공급사슬에서의 고객주문주기

그러나 반대로 Dell사의 경우는 고객에게 직접 판매함으로 소매자와 배송자 단계가 생략된다고 하였다. 이는 공급사슬의 특징을 설명한 것으로 공급사슬의 주기적 관점은 공급사슬의 각 요소들의 역할과 책임을 분명히 할 수 있기 때문에 운영단계의 의사 결정을 할 때 매우 유용하다고 주장하였다. 공급사슬 운영을 지원하기 위해 정보시스템을 사용할 때 프로세스의 주인과 목적이 명확히 정의되었기 때문에 공급사슬의 주기적 관점은 명료함을 주는 것은 상기 주장의 구체적인 예이다. 다음에 제시하는 4개의 주기와 Push/Pull 관점은 Chopra & Meindle(2001)와 정봉주 외(2002)가 주장한 내용의 일부를 인용하여 기술하였다.

● **고객주문주기**(Customer Order Cycle)

고객주문주기는 고객과 소매자를 연결하는 부분에서 발생하고 고객주문을 받고 충족시키는 모든 프로세스들을 포함한다. 전형적으로 고객은 소매점에서 이 주기를 시작하고, 주기는 고객 수요를 충족시키는 활동을 주로 포함한다. 고객이 도착하고 거래가 시작될 때 소매자의 고객과의 교류는 시작되고 고객이 주문한 제품 또는 서비스를 받았을 때 끝난다.

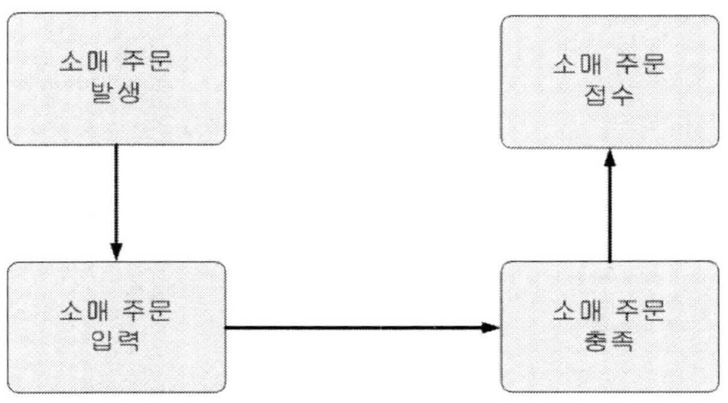

(그림 2-15) 공급사슬에서의 보충주기

● 보충주기(Replenishment Cycle)

보충주기는 소매자와 배송자가 연결된 부분에서 일어나고 소매자 재고를 보충하는 모든 프로세스를 포함한다. 이는 소매자가 미래 수요를 맞추기 위해 재고를 보충하는 주문을 할 때 일어난다. 보충 주기는 예를 들어 제품 재고가 바닥날 때의 슈퍼마켓에서나 혹은 특정 셔츠의 재고가 조금밖에 안 남은 메일 주문을 받는 회사 등에서 발생한다. 어떤 경우의 보충 주기는 완제품 재고를 일정하게 유지하려는 배송자로부터 일어나기도 한다. 또 다른 경우, 보충은 제조 생산라인에서 일어나기도 한다.

● 제조주기(Manufacturing Cycle)

제조주기는 전형적으로 배송자와 제조업자 혹은 소매자와 제조업자의 연결된 부분에서 일어나고, 배송자 혹은 소매자 재고를 보충하는 것과 관련된 모든 프로세스를 포함한다. 제조 주기는 고객 주문(Dell사의 경우)이나 소매자나 배송자로부터의 보충 주문(P&G사로부터의 Wal-Mart의 주문) 혹은 고객 수요 예측이나 제조업자의 완제품 창고의 현 제품 가용성 등에 따라 발생된다. 일반적으로 제조업자는 제품들을 만들고 여러 원천으로부터의 수요를 충족시킨다. 제조 주기의 극단적인 형태는 제조업자가 대량 생산할 수 있도록 하는 유사한 주문들을 받는 종합제철 공장이다. 이 경우 제조 주기는 고객 수요에 반응한다. 다른 극단적인 경우는 수요 예측에 의해 생산해야 하는 소비재 회사의 유형들을 포함한다. 이 경우 제조 주기는 고객 수요를 예측하는 것이다.

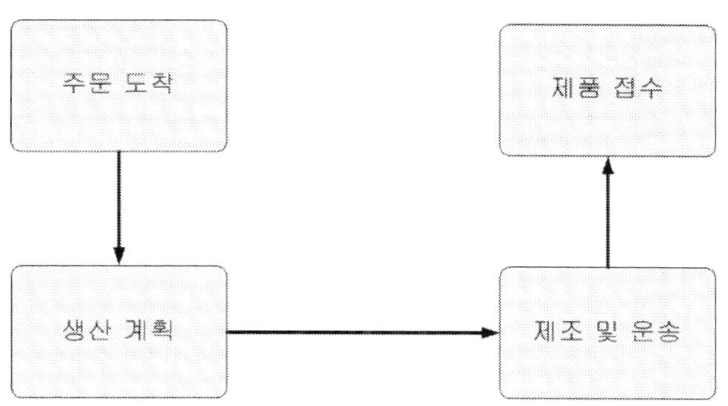

(그림 2-16) 공급사슬에서의 제조주기

- **조달주기**(Procurement Cycle)

조달주기는 제조업자와 공급자가 연결된 부분에서 발생하고 자재가 스케줄에 따라 제조업체에게 사용될 수 있게 하는 필요한 모든 프로세스들을 포함한다. 조달주기 동안 제조업자는 부품 재고를 보충시켜 주는 공급자로부터 부품을 주문한다. 이러한 연관 관계는 한 가지 차

이를 제외하고는 배송자와 제조업자 사이의 관계와 유사하다.

소매자와 배송자의 주문이 불확실한 고객 수요에 의해 일어나기 때문에 일단 제조업자가 어떤 생산 계획을 세우느냐에 따라 부품의 주문은 정확히 결정된다. 부품 주문은 생산 계획에 의존한다. 그러므로 공급자가 제조업자의 생산 계획에 연관되는 것은 매우 중요하다. 물론 공급자의 리드 타임이 길어지면 공급자는 예측을 통해 생산해야 한다. 제조업자의 생산 계획은 미리 고정되어 있는 것이 아니기 때문이다.

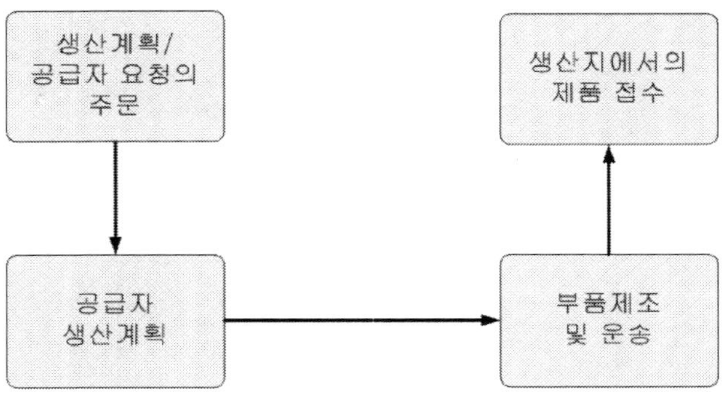

(그림 2-17) 공급사슬에서의 조달주기

• 공급사슬의 Push/Pull 관점

공급사슬의 모든 프로세스들은 고객 수요에 맞춰 실행하는 때에 따라 두 개로 분류된다. 풀 프로세스들에서 실행은 고객 주문에 반응하여 시작된다. Push 프로세스들은 고객 주문을 예측하여 시작한다. Pull 프로세스의 실행 시, 수요는 확실하게 알려져 있다. Push 프로세스의 실행 시 수요는 알려져 있지 않으므로 예측해야 한다. Pull 프로세스들은 고객 수요에 반응해야 하기 때문에 신속히 반응하는 프로세스가 되어야 한다.

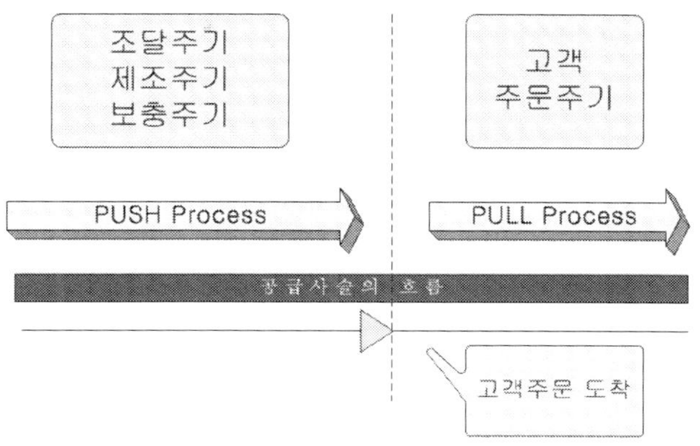

(그림 2-18) 공급사슬의 Push/Pull관점

Push 프로세스들은 실수요보다는 오히려 예측에 반응하여야 하기 때문에 예측적이고 추론적인 프로세스가 되어야 한다. 공급사슬의 Push와 Pull의 경계에서 Pull 프로세스들로부터 Push 프로세스들을 분리한다. 예를 들면 Dell사의 경우 PC 조립의 시작은 Push/Pull의 경계를 나타낸다. PC 조립 전의 모든 프로세스들은 Push 프로세스이고 조립을 포함한 그 이후의 프로세스들은 고객 주문에 대한 반응에서 시작하므로 Pull 프로세스이다. 공급사슬의 Push/Pull 관점은 공급사슬 설계와 관련된 전략적 의사 결정을 할 때 매우 유용하다. 이 관점은 고객 주문에 연관되는 정도가 큼에 따라 공급사슬의 글로벌화를 촉진시킨다. 이를 테면 그런 관점은 이런 유동이 Push 프로세스를 Pull 프로세스로 되게 한다면 다른 단계를 지나가는 어떤 프로세스의 책임은 증가된다.

● 공급사슬관리의 구성 체계

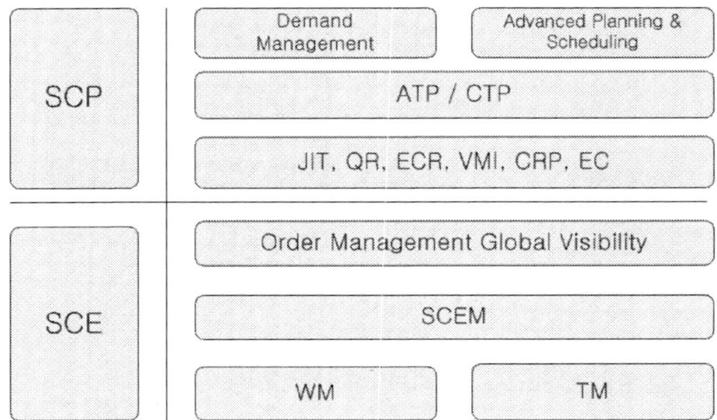

(그림 2-19) 공급사슬관리의 시스템 구성 체계-1

```
- SCM = SCP+SCE
- SCP : Supply Chain Planning
- SCE : Supply Chain Excution
- SCP = Demand Management, Advanced Planning & Scheduling, ATP/CTP, JIT,
        QR, ECR, VMI, CRP, EC
- SCE = Order Management Global Visibility, SCEM, WM, TM ATP : Available
        To Promise
* CTP : Capable To Promise,
* QR : Quick Response
* JIT : Just In Time,
* ECR : Efficient Consumer Response,
* VMI : Vendor Managed Inventory,
* CRP : Continuously Replenishment Program
* SCEM : Supply Chain Event Management
* WM : Warehouse Management
* TM : Traffic Management
```

(그림 2-20) 공급사슬관리의 시스템 구성 체계-2

정봉주 외(2002)는 공사슬관리에 대해서 공급사슬계획과 공급사슬
실행의 요소로 구성된다고 볼 수 있다고 하였다. 공급사슬계획에는 요
구관리, 계획과 스케줄링의 예측, 빠른 반응, 효과적인 소비자 반응,
지속적인 보충 프로그램 등으로 구성되고, 공급사슬실행은 주문관리와
공급사슬관리의 이벤트, 창고관리, 공급사슬 간에서 발생되는 교통관
리 등으로 이루어진다는 것으로 본 연구와의 관점에 있어서 연관관계
가 있음을 분석할 수 있다.

즉 공급사슬관리(SCM)는 고객만족을 위한 일련의 적극적인 서비
스 활동으로 해석할 수 있는데, 근래의 SCM관련 외국문헌을 조사하
면 전자상거래와의 연계를 특별히 강조하고 있음을 알 수 있다.

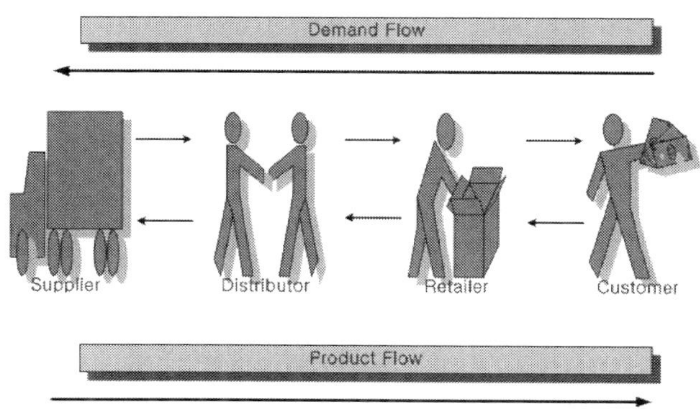

(그림 2-21) ECR(Efficient Consumer Response) US Model

(그림 2-21)은 효과적인 소비자 반응이라는 SCM의 변형모델로
제조업 분야의 ECR(Efficient Consumer Relationship)와 (그림 2-22)
와 같은 섬유, 의류 분야의 QR(Quick Response)이 있는데 이는 고객
의 요구에 신속한 대처로 적시납기를 통해서 고객만족을 도모하자는

의의를 담고 있다고 분석할 수 있다.

이러한 모델들은 그간 전자상거래가 아니라 일반제조업 그리고 섬유, 의류 분야에서의 고객만족을 위한 일련의 활동이었다. 그것이 인터넷이라는 새로운 매체의 등장으로 재조명을 받고 있는 것이며 또한 SCM의 중요성에 대한 인식을 바탕으로 근래 들어 다시금 회자되고 있는 것이라 하겠다. 이러한 SCM, ECR 그리고 QR모델은 전통적 상거래에서의 고객만족을 위한 시스템적 사고와 비즈니스모델로 이해해도 큰 무리는 없을 것이다. 최근의 동향은 전자상거래 기업에서의 물류에 대한 관심으로 (그림 2-8)의 내용과 시스템 간 위치와 같은 비슷한 주장을 하는 연구가 많이 나오고 있다. 이런 관점에서 볼 때 본 연구에 의한 고객반응유도모델은 SCM, ECR, QR 등이 가지는 목적과 상응하는 것이며 다만, 전자상거래에서의 측면에 국한되었을 뿐이지 그 기본적 개념은 같다고 분석된다. 또한 상기의 모델들은 CRM 개념을 확대시킨 인터넷으로 확대시킨 eCRM 등과 관련하여 검토 모색하여야 한다는 주장이 많은데 그것은 바로 시너지 효과를 창출하기 위한 차원의 주장이다.

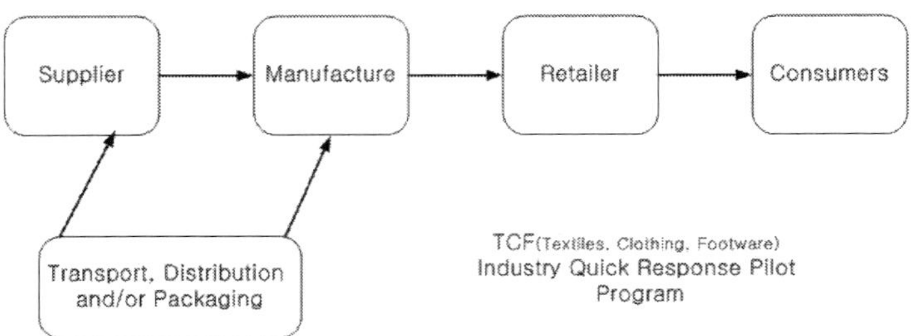

(그림 2-22) TCF Industry Quick Response Pilot Program
[Marcia Perry 외, 1999]

거론된 개념들의 공통점은 신속한 서비스를 통해서 고객만족을 달성하고 결과적으로 고객만족을 기반으로 한 고객로열티의 지속적인 향상과 신뢰상황의 지속적 유지라고 분석되어 긍정적 고객반응을 유도하기 위한 본 연구에 있어서 SCM은 매우 밀접한 관계가 있다. 즉 고객반응유도모델의 설계에 있어서 SCM, CRM과의 시너지 효과를 위해 제안모델과의 유기적인 관계를 고려해야 한다는 의미가 그것이다.

(3) 고객응대 관련 시스템

대부분의 고객응대 관련 시스템은 자동화된 전자우편(e-mail) 발송시스템과 CGI 또는 확장 CGI기법 등이 적용된 게시판 등을 응용한 제품들이 대표적이다. 시스코 시스템즈사의 CRA(Customer Response Application)는 전자우편과 IP에 기반을 둔 메시징, VoIP 등의 처리기능이 있다. 국내에는 보라비전사의 고객응대시스템(eResponse Center)이 있으며, 전자우편과 게시판, 전화를 통해 입수된 고객의 요구에 따른 응답을 지원하는 애플리케이션이다. 이 외에 로커스사의 CTI(Computer Telephony Integration) 관련 시스템은 전화와 컴퓨터를 연계한 고객질의응대 시스템으로 최근에는 CRM과 연계한 CTI를 선보이고 있다. 그러나 이러한 시스템들은 낮은 차원의 고객반응을 유도하거나 단순한 고객응대 서비스만을 지원하며 더불어 별도의 추가적인 비용 부담과 노력을 수반한다. 대부분의 기업들에서는 고객반응유도에 관한 명확한 개념과 솔루션이 없는 상황에서 고객반응유도에 관한 솔루션과 애플리케이션을 CRM으로 인식하는 경향이 있는 것으로 사료된다.

〈표 2-10〉 전자상거래를 지원하는 고객응대 관련 시스템

고객응대 매체	시스템 개발/ 사용 현황	특 징 사 항
-자동화된 전자우편 발송 등 고객응대와 유사한 솔루션 그룹	-시스템 내 포함 -보나비전, 시스코 시스템즈 등	-머천트 솔루션에 포함되어 운영되고 있으며 거의 대부분 사용 -전자상거래 시스템과 별도의 운영 형태 -전자상거래 전문기업 위주로 외부 솔루션으로 운영되고, IP기반 메시징, VoIP 처리 등의 특징이 있으나, 고객반응유도시스템의 모델과는 거리가 있음
-eCRM	-어바이어, 카나코리아, 시벨코리아, IBM, 오라클, 이지시스템, SAP 등	-고객정보에 분석과 캠페인 등의 과정을 통해 새로운 관계를 모색하고 이를 사업에 적용하기 위한 솔루션 -규모가 크고 기본적인 고객반응에는 적용하기 어려운 단점이 있음
-웹 게시판 /화상상담 /채팅상담 /음성(VoIP)상담	-Web콜센터 (국민은행) -상담원연결서비스(농협) 등	-금융권을 중심으로 한 고객반응 관련 노력의 일환으로 볼 수 있으나, 관리와 운영의 한계가 있음 -커뮤니티 운영 중심의 경향을 보임
CTI (Computer Telephony Integration)	-로커스, 예스컴 등	-대표적인 고객반응 관련 시스템의 범주에 포함될 수 있으나 고객과의 거래 중심이 아닌 콜센터 중심이거나, 텔레마케팅 중심의 운영이 특징인 웹기반 중심의 시스템으로 발전 추세를 보임

그러한 인식은 고객반응유도시스템의 기본적인 목적 및 운영환경과는 거리가 멀다. 제안모델과 CRM솔루션과의 차이점은 판매자의 경험을 반영하기에 번거롭거나 어려울 뿐더러, 실시간적인 온라인 거래를 지원하지 못하는 측면이 있다. 〈표 2-10〉은 고객응대 관련 시스템 현황을 저자의 논점에 맞추어 정리한 것으로 상기 표에서 제시한 주요한 시스템들의 운영환경은 여러 전자상거래 모델들과 비교할 때 전화장치를 주요 수단으로 하는 텔레마케팅 또는 홈쇼핑의 환경에 적합한 솔루션으로 간주되고 그러므로 인해 인터넷을 기반으로 하는 쇼핑몰

의 운영에는 한계가 발생된다고 볼 수 있다.

2) 전자상거래 지원 시스템 구현 기술

(1) 전자상거래 구현 기술 동향

최근 들어 전자상거래 머천트 서버의 운영 환경 특히, 인터넷을 기반
으로 하는 전자상거래 머천트 서버와 관련 애플리케이션들은 특징적인
방향으로 기술개발이 전개되고 있다. 21세기 들어 급부상한 소프트웨어
개발의 신패러다임인 컴포넌트 기반 개발을 의미하는 CBD(Component
Based Development)는 웹기반 CBD모델을 지원하는 EJB, COM+ 등
이 양대 산맥을 이루며 성장해 나가고 있다. 이러한 CBD모델은 전자상
거래 머천트 서버를 비롯하여 각종 지원 솔루션과 애플리케이션을 개발
하는데도 주요한 개발 정책으로 채택되고 있으며 채택의 가장 큰 이유
는 생산성 향상에 있다. EJB는 선마이크로시스템즈 진영의 컴포넌트 프
레임워크이고, COM+는 MS진영의 컴포넌트 프레임워크이다. 또한 전
자상거래 지원 기술 중 핵심기술로 주목받고 있으며 본 연구와도 깊은
관련이 있는 에이전트 기술에 대해서도 살펴본다.

① MVC Model-Ⅱ를 구현한 아파치 스트럿츠 프레임워크
웹 애플리케이션 개발에 적용 가능한 방법 모델인 MVC Model-
Ⅱ를 구현한 아파치 스트럿츠 프레임워크를 살펴본다. 아파치 스트럿
츠 프레임워크는 본 연구에서 제기한 문제의 해결방법을 시스템적으
로 구현함에 있어 시스템의 생산성과 팀(Team) 내 원활한 커뮤니케
이션을 지원해 주는 최신의 개발방법모델이며, 기존에 MVC모델 Ⅰ,

II를 사용한 JSP(Java Server page) 웹 애플리케이션 개발 방법과는 달리 JSP를 이용하는 웹 애플리케이션 개발에 더욱 최적화되고 효과적이며 빠른 방법 모델을 제공해 준다.

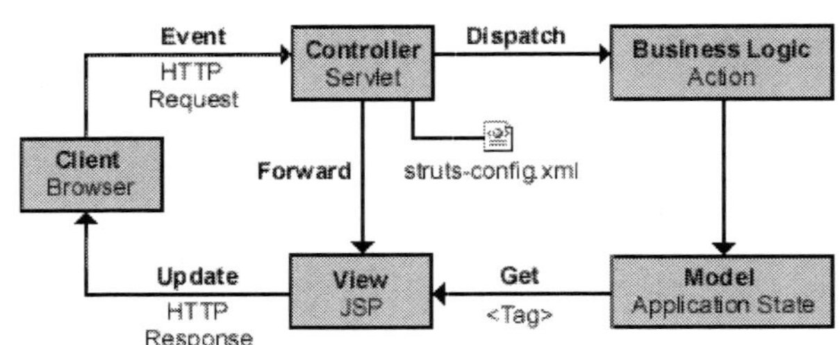

(그림 2-23) 스트럿츠 오픈 소스 프레임워크의 구조
[Malcolm davis, 2001]

MVC Model-I을 이용한 JSP의 개발과 유지보수에 대한 어려움 때문에 개발자들의 관심은 MVC(Model-View-Controller) Model-II의 JSP애플리케이션 개발로 이동되었다. 이는 개발 및 유지보수의 단계를 분리함으로써 개발과 유지보수의 노력을 경감시켜 주는 것으로 알려져 있다. 아파치 자카르타 오픈 소스 커뮤니티는 웹 애플리케이션 개발의 한 축을 형성하는 JSP프로젝트에서 MVC Model을 수용한 아파치 스트럿츠 프레임워크(Apache Struts Framework)를 발표했다. 이 기술은 서블릿(Servlet)과 JavaBeans, EJB(Enterprise JavaBeans)의 중요성이 부각된다. 자카르타 커뮤니티는 스트럿츠 프레임워크를 사용함으로써 비즈니스 로직과 제어 그리고 프레젠테이션을 분리할 수 있고 개발자들은 각 단계만 신경 쓰면 되기에 생산성 향상을 기대할 수 있다고 주장한다. 현재 배포되는 버전은 1.1이다. (그림 2-23)은 스트럿츠 프레임워크의 구조를 보인 것으로, MVC모델과 거의 흡사하다. 본

모델은 MVC-Ⅱ를 JSP에 수용한 것으로 struts-config.xml과 정보 흐름 등 약간의 변형과 응용을 통해서 JSP 생성을 위한 웹 애플리케이션 개발의 노력과 비용 단축의 특징이 있다.

② 전자상거래 에이전트 기술

에이전트 기술은 전자상거래와 정보검색 분야에서 많은 활용양상을 보이고 있다. 가격비교 에이전트 등 에이전트란 말이 전자상거래 분야에서도 듣기 쉬운데, 에이전트(Agent)란 사용자를 대신해서 사용자가 원하는 작업을 자동적으로 해결해 주는 소프트웨어이다. 에이전트가 사용되는 분야에 따라 다중 에이전트, 이동 에이전트, 보조 에이전트, 사용자 인터페이스 에이전트, 지능형 에이전트 등으로 구분한다.

지능형 에이전트는 사용자가 직접 수행하여야 하는 각종 작업을 대신 수행해 주는 소프트웨어이다. 사용자가 수행하고 싶은 작업은 경우에 따라서 복잡한 과정을 수행하거나 단순한 수행을 할 수도 있다. 에이전트는 인공지능(AI)적인 개념과 기법 그리고 알고리즘을 배경으로 한다. 최근 들어 인터넷의 발달로 웹 에이전트가 발달하고 전자상거래용 에이전트가 관심을 받으며 발달하였다.

이러한 각각의 에이전트는 시스템의 원활한 동작과 이용자들의 편의를 위해서 자동화된 프로세스를 제공한다. 이러한 각각의 지능형 에이전트에 대한 정의를 살펴보면 다음과 같다.

● 에이전트는 특정 목적에 대하여 사용자를 대신하여 작업을 수행하는 자율적 프로세스(Autonomous Process)이다.
● 에이전트는 독자적으로 존재하지 않고 어떤 환경의 일부이거나 그 안에서 동작하는 시스템이다. 여기서의 환경은 운영체제, 네

트워크 등을 지칭한다.

● 에이전트는 지식베이스와 추론 기능을 가지며 사용자, 자원 (Resource), 또는 다른 에이전트와의 정보교환과 통신을 통해 문제 해결을 도모한다.

● 에이전트는 스스로 환경의 변화를 인지하고 그에 대응하는 행동을 취하며 경험을 바탕으로 학습하는 기능을 가진다.

● 에이전트는 수동적으로 주어진 작업만을 수행하는 것이 아니고, 자신의 목적을 가지고 그 목적 달성을 추구하는 능동적 자세를 지닌다.

● 에이전트 행동의 결과로 환경의 변화를 가져올 수 있다.[최중민, 2001]

뿐만 아니라 에이전트는 기본적인 특성이 있는데 몇 가지 특성을 추출해보면 〈표 2-11〉과 같이 자율성(Autonomy), 지능(Intelligence), 이동성(Mobility), 사교성(Social Ability) 등을 들 수 있다.

〈표 2-11〉 에이전트의 기본적인 특징

특 성	내 용
자율성 (Autonomy)	사용자나 다른 에이전트의 직접적인 지시나 간섭 없이도 스스로 판단하여 행동하는 성질을 의미
지능 (Intelligence)	지식 베이스와 추론 능력을 갖추고 사용자의 의도를 파악하여 계획(planning)을 세우고 학습(Learning)을 통하여 새로운 지식을 스스로 터득하는 성질
이동성 (Mobility)	사용자가 요구한 작업을 현재의 호스트에서 수행하지 않고 실제 그 작업을 처리하는 호스트로 이동시켜 수행함으로써 수행의 효율을 높이고 네트워크 부하를 줄이는 효과가 있음
사교성 (Social Ability)	에이전트 간의 통신능력을 지칭

이러한 특성들은 전자상거래뿐만 아니라 다양한 환경에서 애플리케이션 또는 사용자가 목적하는 바를 원활하게 해 주는 역할을 한다. 소비자 의사정보 재사용을 위한 에이전트는 고객의 구매의사를 에이전트를 통해서 데이터베이스에 저장하고 동시에 판매자에게 제공한다. 이 방법은 전자우편을 사용함으로 발생하는 번거로운 단계와 추가비용을 절감할 수 있으며, 동 정보를 다양한 시스템에서 이용할 수 있으므로 정보의 재사용성을 강화하는 장점이 있다.

소비자 의사정보 재사용 에이전트 모델의 주요한 특징은 시스템의 백앤드(Back-end)로 작동되는 에이전트가 고객의 다양한 행동에 반응하고 에이전트가 고객행동의 정보를 전자우편이 아닌 정보의 형태로 데이터베이스에 저장을 한다. 정보획득에이전트에 의해 고객정보가 시스템 내 정보저장소에 저장되면 주기적으로 활동하고 있는 정보 전달 에이전트에 의해서 고객의 정보는 판매자에게 전달된다. 이를 통해 판매자는 고객에게 실시간으로 다양한 제품정보를 제공할 수 있으며, 정보저장소에 저장된 고객의 행위정보는 별도의 정제과정 없이 다양한 비즈니스 프로세스에 응용 가능함으로 정보의 재사용성을 일정부분 보장할 수 있는 모델이다.[서순모, 2002]

소비자 의사정보 재사용 에이전트 모델을 이용하여 본 연구에서의 고객반응유도에 대한 안정적인 관리와 운영을 지원받을 수 있을 것이다. 고객의 의사와 다양한 행위정보에 대해서 사전에 판매자가 설정한 조건을 충족시키면 그에 해당되는 고객의 정보를 판매자에게 신속하게 전달 및 제공하여 판매자와 고객 간의 응대 및 정보제공 등 원활한 관계를 유지할 수 있을 것이다.

(2) 유비쿼터스 컴퓨팅과 전자상거래

유비쿼터스 컴퓨팅(Ubiquitous Computing)은 컴퓨팅의 기술을 물리공간에 접목시켜 보자는 마크 와이저(1988)가 주창한 개념으로 최근에 와서 차세대 컴퓨팅 기술로 각광을 받고 있다. 유비쿼터스 컴퓨팅은 전자상거래와 접목하면 매우 유용한 서비스가 가능하기에 유비쿼터스 컴퓨팅에 대한 관심은 더욱 커져만 간다. 마크 와이저가 주창한 유비쿼터스의 특징은 다음의 네 가지이다[웹-1].

첫째, 네트워크에 연결되지 않은 컴퓨터는 유비쿼터스 컴퓨팅이 아니다.

둘째, 인간화된 인터페이스로서 눈에 보이지 않아야 한다.

셋째, 가상공간이 아닌 현실 세계의 어디서나 컴퓨터의 사용이 가능해야 한다.

넷째, 사용자 상황(장소 · ID · 장치 · 시간 · 온도 · 명암 · 날씨 등)에 따라 서비스는 변해야 한다.

또한 상기와 같은 마크 와이저의 정의를 "인간이 살아가고 있는 실제 세계의 일상 환경과 사물들의 도처에 마이크로프로세서가 내장되고 있으며, 서로 정보 교환을 할 수 있는 작은 컴퓨터가 보이지 않게 심어져 있고, 이러한 컴퓨터들과 공간, 인간, 정보가 하나로 통합되어 자율적으로 인간의 작업능력과 지식의 공유를 개선해 주는 컴퓨팅/정보 환경"이라고 재해석[하성욱, 2002]하기도 한다. 유비쿼터스 컴퓨팅은 80년대 하반기에 마크 와이저에 의해 그 개념이 주창되었지만, 1984년 일본 도쿄대학의 TRON프로젝트인 "모든 사물에 컴퓨터를"의 개념이 원조적인 개념으로 받아들여지고 있으며 1991년 마크 와이저가 "21세기를 위한 컴퓨터"에서 유비쿼터스 컴퓨팅의 개념을 제창하여 세상에 널리 알려진 개념이다.

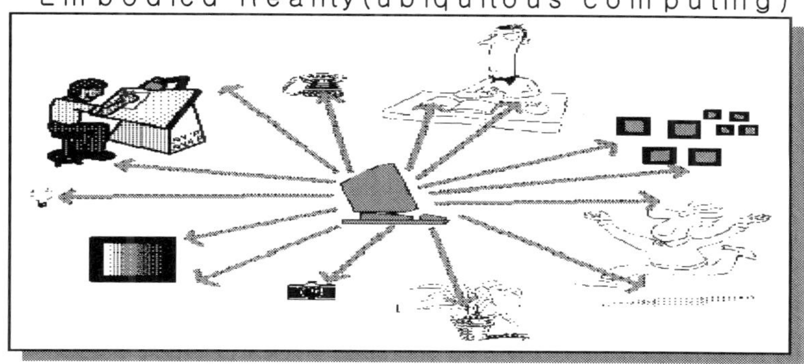

(그림 2-24) 마크 와이저의 유비쿼터스 컴퓨팅[마크 와이저, 웹-1]

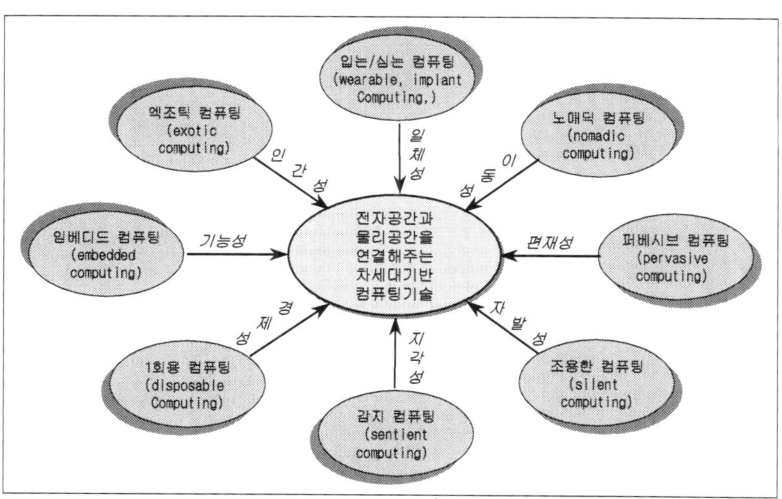

(그림 2-25) 유비쿼터스 컴퓨팅의 개념적 구성[최남희, 2002]

마크 와이저의 유비쿼터스 컴퓨팅은 (그림 2-24)에 나와 있는 것처럼 전자공간을 물리공간에 적용하는 최초의 개념이었으나, 최근 들어 (그림 2-25)처럼 유비쿼터스의 개념적 구성은 더욱 구체적이며 폭넓고 다양해졌다. 컴퓨터 기술을 모든 사물에 내장하여 도처에 컴퓨팅 기술이 산재된 세계를 구현하자는 신개념이라 할 수 있다. 이러한 유비쿼터스 컴퓨팅은 새롭고 많은 다양한 개념을 창출할 것으로 받아들여지고 있으며 전자상거래와 결합된 신모델로써 U-Commerce라는 신조어가 태동되기도 하였다.

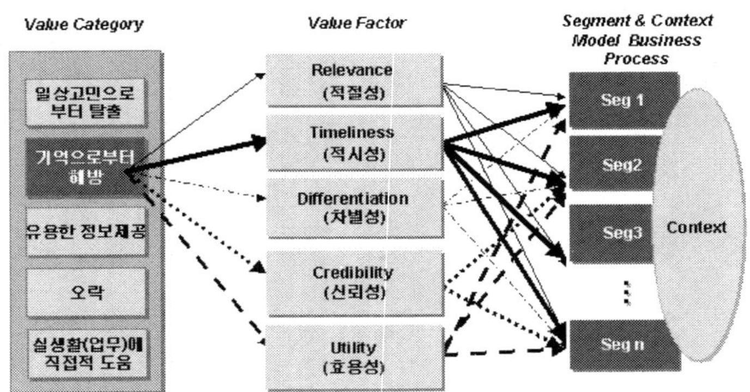

(그림 2-26) 가치 요인에 의한 U-Commerce 프레임워크[하성욱, 2002]

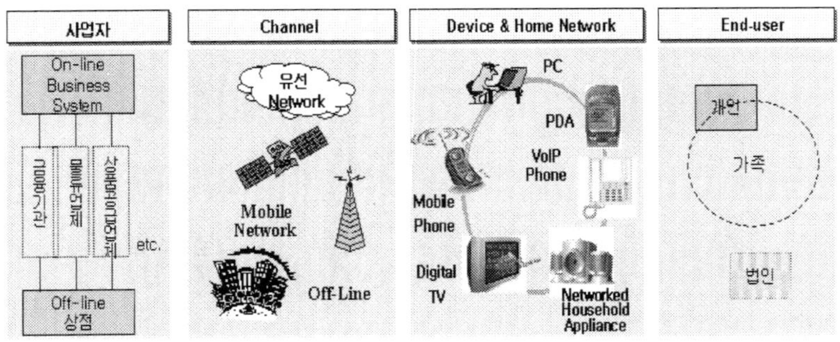

(그림 2-27) U-Commerce 서비스 프레임워크[하성욱, 2002]

〈표 2-12〉 유비쿼터스 마케팅 개념의 적용[하성욱, 2002]

	Ubiquitous Marketing 개념의 적용	제공 가치
Pre-purchase ·욕구 인식 ·정보 검색 ·대안 평가	■무선 단말기나 온라인 PC를 통한 판매 채널로의 접속 및 브라우징 ■계열사 오프라인 소매점을 통한 실제 제품의 확인 ■오프라인 소매점에서 무선 단말기를 통한 제품가격 및 사양을 확인하고 서로 다른 소매점 간의 이동 중 비교된 결과를 저장함 ■고객의 동의하에 고객 선호와 실시간 위치정보에 기반을 둔 판매채널과 정보채널, 그리고 고객을 연결하는 multi-channel 프로모션을 수행함	■고객의 제품 선택 과정에 구체적으로 접근할 수 있으며 고객 profile을 제작할 수 있음 ■구매 과정의 첫 번째 단계에서 무선, 온라인 그리고 오프라인 채널 상고객과의 상호 적용을 측정할 수 있음
Purchase Decision ·제품 및 수량 선택 ·공급자 선택 ·선호하는 fulfillment 방법 선택	■Mobile 단말기상의 개인메뉴에 제품사양과 가격비교의 정보를 저장함 ■고객의 가격민감도, 과거 구매 경험, 동의기반의 DM, 그리고 실시간 위치정보를 활용하여, Mobile 및 온라인 채널에서 구매 및 배달 옵션을 제시함 ■고객은 무선 단말기, 온라인 website 혹은 계열사의 오프라인 상점 등의 구매 장소를 선택할 수 있음	■고객 profile의 중요한 요소인 고객의 구체적인 구매패턴과 가격민감도에 대한 접근이 가능해짐 ■구매의사 과정상의 무선, 온라인 그리고 오프라인 채널 상 고객과의 상호 작용을 측정할 수 있음
Payment ·지불 수단 선택 ·지불 수행 ·자금 확인 ·자금 지급 ·제품 전달의 확인	■고객이 실제 상점에서 단말기를 통해 수행하는 거래 및 지불행위에 대해서 계열사 오프라인 채널의 지원 ■고객은 보안 처리된 digital download나 오프라인 채널 혹은 금융기관에서의 물리적 접촉을 통하여 무선 쇼핑구좌를 충전시킬 수 있음 ■오프라인 고객접점에서 쇼핑하는 동시에 고객은 기존의 지불결제 수단이나 무선 단말기를 통한 보다 신속한 결제 수단을 선택할 수 있는 옵션을 확보하게 됨	■무선 단말기를 통한 고객 거래 활동에 따른 매출 발생 ■구매 전 제품의 실제 확인과 오프라인 채널을 통한 제품 배달을 통한 추가적인 매출의 발생 ■구체적인 고객의 구매 패턴 및 가격 민감도에 대한 접근
Fulfillment ·결제 확인 ·Fulfillment 채널 선택 ·배달 /fulfillment ·배달 확인 ·영수증 확인	■고객은 무선 단말기나 온라인 PC를 통해 주문을 내고 오프라인 채널의 실제 상점을 활용하여 배달을 요청함 ■고객은 제품 및 서비스의 배달의 옵션을 자유롭게 변화시킬 수 있고 고객의 상황에 따라 특정 장소나 이동상의 위치로 전송시킬 수 있음	■기존의 fulfillment 인프라스트럭처와 계열사 및 공급자들을 활용한 비용의 절감 ■모바일 환경에 맞도록 기존의 배달 시스템을 향상시킨 새로운 오퍼링을 제공하고 이에 따라 매출을 발생시킴
Post-purchase Behavior ·고객만족조사 ·반품 및 교환 과정 ·보상 및 신용관련 과정 ·Viral marketing	■고객은 무선 단말기나 PC를 이용하여 거래와 관련된 서비스에 대한 즉각적인 feedback을 제공할 수 있음 ■고객은 무선 단말기나 PC를 통해 제품반환이나 환불을 수행하고 관리할 수 있음 ■각 계열사들의 오프라인 고객접점은 제품반환과 교환 그리고 환불을 할 수 있는 접점으로 활용할 수 있음 ■고객은 모바일이나 온라인상의 구매 활동을 통해 경험을 공유하고 의사소통하는 구전 활동을 수행할 수 있음	■구매 후 고객 만족을 위한 발전된 인프라스트럭처의 활용에 따른 고객유인효과의 증가 ■고객만족의 증가에 따르는 고객 이탈의 감소 ■만족한 고객으로부터의 구전 효과에 따르는 신규 고객 유입과 매출 증대

유비쿼터스 커머스(U-Commerce)는 아직 태동기 상태이며 이에 관해 많은 연구가 진행 중이다. 유비쿼터스 컴퓨팅을 기반으로 하는 U-Commerce가 실현되기 위해서는 정보에 대한 접근의 자유로움과 기타 여러 가지 인프라스트럭처에 대한 문제가 해결되어야 하지만 특히, 정보제공에 대한 가치 요인의 연구는 매우 시급할 것이라 사료된다.

(그림 2-26) 가치 요인에 의한 U-Commerce 프레임워크에서는 가치 요인으로 적절성, 적시성, 차별성, 신뢰성, 효용성을 들고 있다. 이러한 가치 요인들은 전자상거래 고객만족의 요인과도 상당부분 일치하는 면이 있으며 특히, 적시성에 대한 연구는 타 요인의 연구에 비해 상대적으로 적어서 이에 대한 연구의 시급성이 지적된다고 할 수 있다.

〈표 2-12〉에 제시된 하성욱(2002)의 유비쿼터스 마케팅 개념은 기존의 그것과는 다른 새로운 개념을 제시하고 있다. 온라인상거래와 오프라인상거래가 혼합된 새로운 개념의 상거래를 소개하면서 적극적인 마케팅 활동이 가능하고 즉각적인 고객만족에 대한 피드백(feedback)을 확보할 수 있음을 제기하였다. 이는 전자상거래 고객반응에 대한 지속적인 개선과 그것에 의한 긍정적인 고객반응의 효과가 있을 것이라 주장한 것으로 본 연구와의 관계에 있어서 동일한 지향점을 마케팅적 관점에서 해석하고 대변한 것이라 볼 수 있다.

또한 (그림 2-27) U-Commerce 서비스 프레임워크는 가치 요인에 의한 서비스가 어떻게 개인과 조직 등에 제공될 수 있는지를 보여주는 것으로 공간상의 자유로움과 이동성의 확보 그리고 시간에 대한 자유로움 속에서 서비스 제공을 통해 현재의 전자상거래는 새로운 세계로 접어들 것이라 사료된다. 이러한 의미에서 고객만족에 대한 그동안의 연구 특히 대응성과 신속성 등의 다가오는 U-Commerce라는 새로운 환경과 변수를 맞이하여 보다 심도 있는 접근과 연구의 자세가 필요하다고 사료된다.

3. 전자상거래에서의 정보기술 속성과 커뮤니케이션

전자상거래에서의 정보기술 속성과 커뮤니케이션에서는 정보기술의 특징적인 속성을 시간적 관점에서 조명하여 기존의 정보시스템에 중심으로 한 시각을 전자상거래 시스템의 시각으로 해석하며, 전자상거래 환경에서 기존의 커뮤니케이션에 관한 이론들이 어떤 의미로 해석될 수 있는지와 제1장에서 제시한 문제들을 해결하기 위한 방법은 어떤 것들이 있는지에 대하여 분석과 고찰을 전개해 본다.

1) 전자상거래에서의 정보기술 속성

이종호(1994)는 정보 속성에 관한 연구에서 정보의 속성과 유용성을 Zuboff(1982)의 예를 들어 다음과 같이 설명하였다. 정보기술을 활용하면 적시에, 적절한 정보를 제공하기 때문에 시간적 및 공간적 제약을 극복해 주게 되고 따라서 의사 결정에 관한 영향력이 더욱 확산되는 동시에 의사 결정과 관련된 정보를 더 많이 제공받을 수 있게 되며 특히 의사 결정의 정형화를 촉진하게 된다고 하였다. 이러한 정보기술로 인하여 기업의 활동 방법이 변화되고, 고객과 공급자와의 관계를 변화시키며, 조직에서의 의사 결정이, 그 성질에 따라서 상부 또는 하위 경영자로 이동되기도 하며, 지리적으로 멀리 떨어진 경영자들이 데이터를 동시에 실시간적으로 입, 출력하고 평가 및 의사소통할 수 있게 된다고 하였다. 전자상거래에서의 정보기술 속성도 관점의 차이는 있지만, 정보를 다루는 것이므로 상기 선행 연구에 의한 동일한 인식을 제고할 수 있다.

(1) 정보의 적시성

전자상거래에서의 정보는 시기를 놓쳐 가치를 상실하는 경우가 종종 있기 때문에, 적시에 제공되는 것이 중요하다. 즉 정보는 사용자가 필요로 할 때 적절히 제공되어야 정보로서의 가치가 높아진다. 시기를 잃은 정보는 사용자에게 효용을 상실하며 아울러 정보로서의 의미와 가치도 잃어버리게 된다. 따라서 의사 결정시점에 적절한 정보가 적시에 제공되어야 효과적인 의시결정을 행할 수 있다. 이러한 특징을 적시성(Timeliness)이라고 하며, 정보시스템은 시기상의 가치를 높이기 위하여 컴퓨터 내부에서의 고속처리, 분산처리와 온라인 그리고 통신망을 사용하여 정보처리상의 지연을 극소화시키려고 노력하고 있다. 1984년 Huber는 후기산업사회에서는 의사 결정, 혁신, 정보획득 및 분배의 중요성이 더욱 증가하게 되면 그로 인한 지식 및 복잡성의 급속한 증가가 예상되므로 의사 결정 또한 더욱더 빈번하게, 더 빨리, 더 복잡하게 이루어질 것으로 예견하였다. 따라서 후기산업사회시대에 조직이 성공을 거두기 위해서는 진보된 컴퓨터 처리 및 통신기술의 채택, 개선된 의사 결정 그룹 기술의 채택, 의사 결정 과정 관리의 채택을 주장하였다.

(2) 정보의 신속성

Huber(1984)는 후기산업사회를 더욱 증가되는 지식, 더욱 증가되는 복잡성, 더욱 증가되는 변화의 세 가지로 제시하고, 이들로 인하여 조직의사 결정은 더욱 빨리 이루어지게 된다고 하였다. 특히 환경의 복잡성으로 인하여 고려해야 할 변수가 더 많아지고 변수 사이의 복잡한 관계를 고려해야 하기 때문에 의사 결정 자체가 복잡하게 된다. 즉 환경의 복잡성과 급격한 변화 때문에 미래의 의사 결정은 더 빨라져야 한다고 하였다. 이는 의사 결정의 신속성을 의미하며 그 이유로는 환경의 복잡성과 급격한 변화 때문이라고 하였다.

<표 2-13> Senn의 정보속성

속 성	내 용
관련성	정보 사용자의 목적에 맞는 정보로서의 의미와 가치를 지녀야 한다.
정확성(신뢰성 포함)	정보의 오류나 편견이 배제되어야 한다.
적시성	필요로 할 때 적절히 제공되어야 한다.
정보제공의 빈도(신속성)	사용자에게 자주 제공될수록 도움이 된다.

출처 : [이종호, 1994]

불확실성이 증가하고 급변하는 환경 속에서 오늘날의 기업이 효율적으로 경쟁력을 갖추기 위해서는 의사 결정상의 불확실성을 감소시켜야 한다고 지적한 Yoo & Digman은, 이를 위해서는 보다 많은 변수를 고려하여 의사 결정에 필요한 정보를 더 빨리, 정확하게 제공해 주는 컴퓨터의 기술을 개발하는 것이 가장 유리한 방법이라고 주장하였다. 특히, 기업의 경영 의사 결정 과정에서 의사 결정 지원 시스템의 활용을 강조하였다.

이것은 전자상거래 시스템을 정보시스템의 또 다른 예라고 볼 때에 의미 있는 메시지를 던져주고 있다고 해석된다. 특히, 정보에 대한 적시성과 신속성 그리고 대응성은 시사하는 바가 크다. 대응성은 시간적 관점에서 재해석해야 한다. U-Commerce는 시간과 공간에서 자유롭다는 개념을 상거래에 적용시킨 개념이기 때문에 대응성을 시간적 관점에서 재해석하여 고객의 측면과 판매자 측면 간 연구가 있어야 한다. 이러한 연구는 U-Commerce를 지원하는 탐색적 연구인 동시에 또한 현재의 전자상거래 모델 특히 B2C모델에서 고객만족을 강화하고 고객반응을 이끌어내기 위한 연구로서의 가치가 있을 것이다.

〈표 2-14〉 O' Brien의 정보속성

차 원	속 성	내 용
시간 차원	적시성	정보는 필요한 때에 제때에 제공되어야 한다.
	현재성	정보는 제공될 때 최신정보(Up-to-Date)여야 한다.
	빈번성	정보는 필요할 때마다 제공되어야 한다.
	기간성	정보는 과거, 현재, 미래 기간에 관해서 제공되어야 한다.
내용 차원	정확성 관련성 완전성 간결성 범위성 업적성	정보는 오류가 없어야 한다. 정보는 특수상황에서 특정인의 정보 요구와 관련되어야 한다. 요구되는 필요한 모든 정보가 제공되어야 한다. 오로지 요구되는 정보만 제공되어야 한다. 정보는 광의 또는 협의, 내적 또는 외적 초점을 가지고 있다. 정보는 수행 활동, 진전 상태, 축적된 자료를 측정하여 성과로 나타낸다.
형태 차원	명확성	정보는 이해하기 쉬운 형태로 제공되어야 한다.
	구체성	정보는 요약 또는 자세하게 제공되어야 한다.
	질서성	정보는 사전에 결정된 순서에 따라 정렬되어야 한다.
	표현성	정보는 서술적 수 또는 기타 형태로 나타낼 수 있다.
	매체성	정보는 문서, 비디오, 기타 매체를 통하여 제공될 수 있다.

출처 : [이종호, 1994]

〈표 2-13〉과 〈표 2-14〉에 나타낸 정보의 속성에서 시간차원의 적

시성과 신속성은 본 연구에 있어서 중요한 이론적 근거를 준다고 볼수 있다. 상기 학자들의 주장처럼 고객이 요구한 정보는 제때에 그리고 신속하게 제공되어야 한다. 그러나 '신속하게'라는 의미는 또한 세부적으로 '적시적인 면'과 '즉각적인 면'으로 분류될 수 있을 것이다. 상기 연구에서 신속성은 적시성과 구분되는 속도개념에서의 의미였지만, 본 연구에 있어 신속성과 기존의 고객만족에 관한 연구의 대응성이란 속성에서 속도와 시간이라는 관점에서 재해석하고 분석하면 '즉각성'이란 속성의 도출도 가능할 것이다. 특히, 전자상거래 시스템과 관련한 용어에서는 신속보다는 즉각적이란 표현을 더욱 많이 사용하므로 신속성보다 한층 구체화된 속성으로서 '즉각성'에 대한 고찰을 시도해 볼 수 있을 것이다.

2) 전자상거래에서의 커뮤니케이션

전자상거래 고객반응을 위한 선행 연구로 커뮤니케이션과 관련한 부분에 대한 내용을 기술한다. 여기에는 고객에 대한 태도와 고객과의 대화 그리고 시간적인 사항들이 포함되며 이를 통해서 전자상거래에서의 고객만족을 위한 환경적 제고 요인은 무엇이 있는지 알아본다.

(1) 고객과의 커뮤니케이션

Robert. W. Lucas(1998)는 고객의 불만족을 막기 위해 적극적이고 능동적인 행동이 필요하다고 주장하였다. 적극적이고 능동적인 행동은 고객 중심적 사고의 기본이며 다음과 같은 전략사항을 제시하여 전통적인 상거래에서의 고객에 대한 서비스와 고객 커뮤니케이션 기법을 설명하였다.

- *반응을 하라* : 고객이 말한 것, 혹은 글로 남긴 메모를 받았다는 것을 고객에게 알려라, 다른 고객에게 봉사하느라 그 순간에 그 고객을 대할 수 없었다면 언제 가능한지 알려라, 고객이 글을 남겼다면 빨리 답하라, 빨리 답하기 위해 이용 가능한 전화번호가 있다면 전화를 해 본 뒤 서면을 발송하라.
- *감정이입을 하라* : 고객들에 대해 관심이 있고 고객의 의견이나 감정, 관심사에 대해 이해하고 있으며, 고객을 돕기 위해 최선을 다할 것이라는 것을 알려라.
- *행동을 하라* : 필요하고 접합한 해답을 결정하기 위해 모아둔 정보에 대해 고객들에게 맞는지 확인한 후 행동하라. 빨리 행동할수록 더 중요하다고 고객은 느낄 것이다.
- *고객을 안심시키고, 재확신을 주어라* : 여러분과 회사가 진심으로 고객에게 관심이 있음을 고객들이 알 수 있는 방법을 택하라, 고객의 불만을 해결하기 위해 고객의 가치를 강조하라. 여러분의 이름, 전화번호, 앞으로 행할 행동들을 제공하라
- *곧바로 행동을 취하라* : 일단 고객과의 거래가 성사되면 어떤 형태로든 그 다음의 조치가 곧바로 시행되어야 한다. 예를 들어, 고객들에게 다시 한 번 전화를 걸어 회사가 주문을 받아들였고, 고객들이 여러분이 취한 행동들에 대해 만족하는지의 여부를 확인하거나 아니면, 단순히 고객을 재확신시키는 차원에서 질문을 할 수 있는 기회를 제공하라.

고객에게 "반응하라"와 "곧바로 행동을 취하라"는 커뮤니케이션의 중요성을 강조한 것으로 생각해 볼 수 있다. 고객과의 관계에서 반응하고, 감정이입을 하며, 행동하고 안심시키기는 이러한 일련의 절차가 발생되기 위해서는 고객과 판매자 간의 신속한 상호 작용 과정이 반드시 필요하며 그에 따르는 풍부한 커뮤니케이션이 필수적임을 이해하게 된다.

(2) 커뮤니케이션의 풍부성

Alistair Cockburn(2002)은 커뮤니케이션의 풍부성에 대해서 다음의 (그림 2-28)과 같은 내용을 보이면서 대면 접촉방식인 화이트보드에서의 대화가 커뮤니케이션 풍부성이 제일 높다고 하였다.

(그림 2-28) 커뮤니케이션의 풍부성

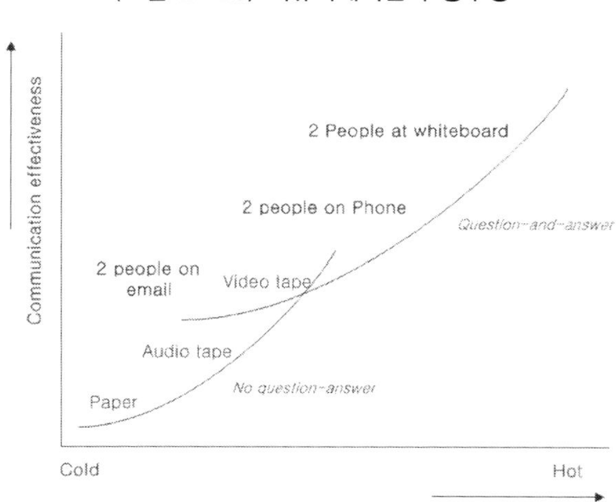

(그림 2-28)은 전자우편과 전화가 커뮤니케이션 풍부성이 높으며 그보다는 면대면(face-to-face) 접촉을 하는 화이트보드가 높다는 것을 의미하는 것이다. 이러한 점은 커뮤니케이션은 고객만족도를 향상시키는 근간임을 이해할 때 전자우편을 주요한 커뮤니케이션 수단으로 하는 현재의 전자상거래(B2C)는 일반 전화를 사용하는 방식보다 커뮤니케이션 풍부성이 낮다는 걸 이해하게 된다. 그러나 이러한 생각을 바탕으로 전통적인 상거래와 전자상거래의 단순비교는 논리적 한계에 부딪친다. 커뮤니케이션 행동의 차원과 상호 작용 수단에 관한 〈표 2-

15>의 내용도 Alistair Cockburn(2002)의 주장한 커뮤니케이션의 풍부
성과도 일맥상통하는 측면이 있다. 소니와 닌텐토 그리고 세가 등에서
감성적이고 지능적인 인터페이스 개발부문의 리더인 Bergeron(2001)은
커뮤니케이션 중계자의 감성적이고 지능적인 인터페이스의 잠재성을
(그림 2-29)의 내용에서와 같이 전자우편이 가장 낮고, 면대면 커뮤니
케이션이 제일 높다고 주장한다. Robert. W. Lucas(1998)가 제시한 고
객 불만족을 해소하기 위한 방법을 온라인상거래에서 실시하기 위해서
는 비디오 폰이나 인터넷 전화(영상포함) 그리고 인스턴트 메시징과
같은 방법이 전자우편을 사용하는 것보다 풍부한 커뮤니케이션과 감성
적인 면을 확보할 수 있는 길임을 이해할 수 있다.

〈표 2-15〉 커뮤니케이션 행동의 차원과 상호 작용 수단

상호 작용 수단	상호 작용 연관 정도	상호 작용의 제어 중심	상호 작용의 일시성
면대면	높 음	동 등	동시적인
전 화	중 간	동 등	동시적인
전자우편	낮 음	동 등	동시적이지 않음
우 편	낮 음	동 등	동시적이지 않음
데이터베이스	낮 음	수신자	동시적이지 않음

출처 : [Richard J. Varey(2002)]

고객에 대한 신뢰와 인간미의 부여 그리고 다양한 커뮤니케이션 효
과와 상호 작용의 풍부성 등은 전자상거래 고객만족을 달성시킬 수
있는 방법 중 하나로 분석된다. 일부에서는 전자상거래 모델이 전통적
상거래가 다루지 못하는 영역에 대한 사항을 해소하기 위한 차원에서
이해하는 시각도 있다. 그러나 온-오프라인이 단일화되며 통합된 상
거래 모델을 지향하고 있는 U-Commerce에 대한 기반적 연구를 하

기 위해서는 Robert. W. Lucas의 고객지향 서비스에 대한 권고가 전
자상거래의 혼란한 방향을 정리해 준다고 사료된다. Robert. W.
Lucas의 권고사항들을 현재의 전자상거래 모델에 적용시켜 보면 상당
히 다른 양상의 상거래 서비스가 실현되고 있음을 분석할 수 있다.

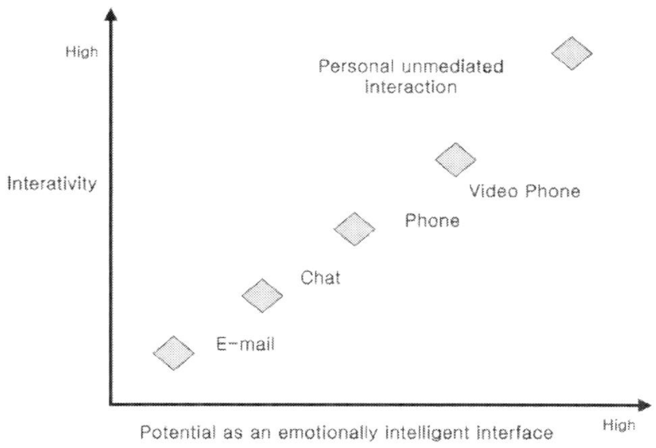

(그림 2-29) 커뮤니케이션 중계자의 감성적이고 지능적인
인터페이스 잠재성
[Bergeron(2001); Richard J. Varey(2002)]

4. 전자상거래 고객만족의 선행 연구 요약

본 장에서는 전자상거래 고객만족과 관련한 주요 이론 및 전자상거
래 지원 시스템에 대하여 고찰하였다. 전자상거래 고객만족에 관한 선
행 연구가 거의 없었기 때문에, 전통적 상거래의 고객만족에 관한 기
존의 연구와 주요 연구동향 그리고 최근 들어 시도되고 있는 고객만

족 개념의 전자상거래 적용 연구 사례들을 분석함으로써 전자상거래에 적용할 수 있는 새로운 모델을 도출하고자 하였다. 이론적 고찰부분에서 수집된 전통적 상거래의 고객만족에 관한 연구 내용을 전자상거래에 단순 적용시키는 데에는 많은 어려움이 있었다. 또한 연구 결과를 프로토타입 모델로 제시한 논문은 거의 없었으며 시도되고 있다고 하더라도 연구 결과를 곧바로 적용하기에는 매우 어려웠다. 더욱이 전자상거래는 네트워크를 기반으로 하고 있고 전통적 상거래와는 상이한 환경이기 때문에 복합학문의 시각에서 새로운 연구가 필요하였다. 최근 들어 꾸준히 제기되는 문제점을 종합해 볼 때 판매자와 고객 간의 거래를 위한 의사교환에 있어서 상호 작용 관점과 이를 뒷받침하기 위한 커뮤니케이션 관점의 연구가 시급히 이루어져야 할 필요성이 있다고 사료된다.

본 장에서는 사회과학적이고 시스템적인 배경을 가지는 전자상거래를 복합학문의 시각에서 고찰하여 본 연구의 이론적 토대와 제기되는 문제를 해결하기 위한 개념적 토대를 마련하고자 하였다.

1) 전자상거래 고객만족에 관한 연구

제1절 전자상거래 고객만족에 관한 연구에서는 전자상거래를 사회과학적인 시각에서 접근하였다. 즉 전통적 상거래에서의 고객만족에 관해 국가고객만족 지표, 고객반응 연구, 고객만족 연구동향 등을 소개하고 이를 전자상거래에 적용하기 위한 이론적 고찰을 시도했다. 그러나 기술된 선행 연구에서는 기존의 전통적 상거래라는 학문적 틀과 범주 내의 연구라는 특징으로 인해 네트워크 기반의 전자상거래에 직접적으로 적용하기에는 한계가 있어서 이를 고려한 전자상거래의 새

로운 연구의 필요함이 제기되었다.

김성언과 나선영(2000)의 연구는 기업과 소비자 간의 전자상거래에서 소비자들이 제품이나 서비스 구매 시 그들의 구매 의도에 영향을 미치는 요인들을 조사 분석하여 웹 사이트를 운영하는 기업의 시장전략에 도움을 주기 위한 목적으로 수행됐다. 연구 결과 적응성, 쇼핑편의성, 신뢰 및 보증성이 소비자의 구매 의도에 영향을 주는 것으로 밝혀져 전자상거래를 운영하거나 준비하는 기업의 전략 설정에 있어 시공간의 통합적인 환경 구축 등 의미 있는 결과를 제시하였다. 그러나 실제 기업들이 연구 결과를 어떻게 도입해야 하는지에 대한 프로타입 모델 제시나 도입절차 및 방법제시가 부족하였다.

장시영, 이정섭(2000)의 연구는 전자상거래에서의 고객만족이라는 개념적 접근에서 전통적 상거래와 전자상거래에 대한 가치를 비교하여 전자상거래를 통한 제품(서비스) 구매가 기대보다 성과가 높지 않음을 규명한 연구였다. 이들은 전자상거래가 발전하기 위해서는 연구 결과 신뢰성, 협상 즐거움, 인적 교류, 쇼핑의 즐거움에 더 많은 관심과 노력을 기울여야 할 것이라고 주장하며 이러한 부분이 충족되지 않을 경우 고객은 전자상거래를 외면할 것이라고 강한 경고를 하였다. 그러나 상기 연구는 다른 여느 연구와 마찬가지로 개념과 이론의 정립 그리고 질서관계의 규명에 관한 연구에 그치고 있어서 실질적으로 전자상거래 환경에서 어떻게 협상환경을 지원할 수 있을지, 신뢰성 확보를 위해 기업들이 노력해야 할 방법은 무엇이 있는지, 그리고 인적 교류(대면접촉)는 어떻게 해야 하는지에 관하여 구체적인 기술이나 언급이 부족하였다.

정경수, 박용재(2001)의 연구는 인터넷 쇼핑몰의 서비스 품질이 소비자 만족에 미치는 영향에 관하여 실증 분석한 연구이다. 본 연구는 기존의 소비자 만족과 서비스품질 개념을 전자상거래에 준용한 연구라는 의의가 있으며 또한 연구 결과를 통해 전자상거래에서의 소비자 만족도 향상에 있어 선행적인 연구로서의 가치가 있다고 사료된다. 상기 연구는 연구 결과 시각적 요인과 응답성 요인에서의 실시간 반응체계 구축 등이 소비자만족에 유의한 영향을 미친다고 주장하여 전자상거래를 하는 기업들은 상기 연구 결과에 주의를 기울여야 한다고 주장하였다. 그러나 본 연구도 다른 연구와 마찬가지로 실시간 질의응답 시스템 등의 설계와 운영 등을 주장하였지만 연구 결과에 대한 구체적인 프로토타입 제시와 절차의 언급 및 기술이 부족하여 실질적으로 연구 결과를 도입하는 데 문제점이 제기될 수 있다.

박준철, 윤만희(2002)는 인터넷 쇼핑몰 회원가입자의 관계 품질에 영향을 미치는 요인을 연구한 것으로 편의성, 제품다양성 및 제품정보 쇼핑몰 디자인, 서비스 품질이 고객만족에 미치는 영향과 고객만족이 인터넷 쇼핑몰의 성장과 관계유지 및 확대에 어떤 영향을 미치는지를 가설 검증하고 그 관계를 규명한 연구이다. 연구 결과 편의성, 제품다양성 및 쇼핑몰 디자인 등이 유의한 영향을 미친다고 하였으며, 연구 결과에 대한 분석을 통해서 고객만족은 관계품질에 대한 유의한 관계가 있기 때문에 고객의 인터넷 쇼핑몰에 대한 만족은 향후 단골고객화될 가능성이 높게 됨에 따라 상기 연구 결과를 토대로 인터넷 쇼핑몰의 구축 및 운영을 할 필요가 있다고 주장하였다.

그러나 이러한 주장은 CRM에 대한 또 다른 연구의 한 분야로서 인식된다. 현실적으로 회원고객에 대한 편의성과 제품 다양성, 그리고 쇼핑몰디자인 등의 주장을 기업이 도입 및 적용하기에 매우 많은 어려움이 있다. 대부분의 전자상거래 기업들이 영세규모이기 때문에 상기 연구 결과를 도입하여 적용 하는 데에는 한계가 있을 것으로 분석된다. 또한 시스템 환경을 고려하지 못한 연구 결과의 주장은 연구의 문제점으로 지적되며 이를 고려한 연구의 필요성이 제기된다.

박철, 강병구(2003)의 연구는 전자상거래에서의 신뢰형성 요인을 소비자의 온라인 구매 경험에 따라 실증 분석한 것이다. 이 연구는 소비자 온라인 구매 경험의 유무에 따라 신뢰형성에 차이가 있는가와 신뢰형성 요인은 어떻게 구성되는가에 대해 연구의 초점이 맞추어져 있다. 분석 결과 확인접촉 요인, 안전보호 요인, 홍보이미지 요인, 편리/즐거움 요인, 그리고 환불/배달 요인이 인터넷 쇼핑몰에 대한 소비자의 신뢰형성 요인으로 증명되었다고 하였다.

이에 따라, 분석된 요인들을 전자상거래 사이트에 적용시킬 수 있는 구체적인 방안을 제시하여 타 연구와 비교하여 상당부분 구체성을 확보한 것이 특징이자 의의라 할 수 있다. 그러나 상기 연구에서 확인접촉 요인 강화방안에 고객접촉점의 운영을 주장하며 24시간 콜센터의 도입 등 그 예를 제시하였지만, 상기 방법은 홈쇼핑 등에서 이미 구현되고 있는 방법이며 많은 수의 중소규모 전자상거래 기업들이 도입하기에는 경제적 비용 등 현실적인 제약이 지적된다. 상기 연구자들은 탐색적 연구의 측면이 강하기 때문에 계속적인 연구의 필요성을 주장하고 있으며 시간의 관점에서 신뢰성 형성에 관한 관심과 노력이 필요하다고 하였다.

김성아, 문형남, 김주안(2003)의 연구는 인터넷 쇼핑몰의 고객지원 서비스 실태를 분석한 연구로서 고객만족의 개념을 전자상거래에 적용하여 신속, 정확하게 고객의 문의 및 불만사항을 해결할 수 있는 고객지원 서비스를 운영해야 한다고 주장하였다.

본 연구는 인터넷 쇼핑몰의 고객 지원서비스 실태를 조사 분석하고 그 개선 방안을 도출한 것이 특징으로 인터넷 쇼핑몰 등 전자상거래에 대한 고객지원 서비스, 즉 고객만족의 개념을 적용한 연구로서 의미가 있다. 고객지원서비스 채널 마련, 운영시간의 최적화, 공개 온라인 게시판의 활용과 운영자와 이용자 간의 자유로운 의사소통체계 마련 등 제언 내용은 고객 중심적 환경구축과 운영전략의 필요성 등이다. 그러나 이러한 주장을 어떻게 하면 고객과의 상호 작용을 증대하고, 커뮤니케이션을 강화할 수 있는지 보다 구체적으로 활용할 수 있는 방법제시가 없다는 점에서 연구의 한계점으로 지적된다.

조성의, 박광태(2002)의 연구는 전자상거래에 적용시킬 수 있는 상품 분류에 대한 연구는 온라인 상호 작용의 관점에서 접근하여 전자상거래에 추천되는 상품을 4개의 그룹별로 분류하여 제시한 것으로 연구의 변수 설정에서 온라인 상호 작용과 고객화의 필요성 등을 언급하며 전자상거래에서는 전통적 상거래에서 구현되고 있는 고객과 판매자 간의 다양한 커뮤니케이션과 상호 작용의 측면을 강조하였다. 이러한 주장은 고객반응유도모델에 관한 연구의 측면에 있어 매우 의미 있는 주장으로 받아들여지고 있다. 전자상거래에서 실질적으로 고객과의 상호 작용과 커뮤니케이션을 지원할 수 있는 모델 개발에 대해 간접적인 주장을 담고 있다고 생각되기 때문이다.

장활식, 김종기, 오창규(2002)의 연구는 정보기술 어플리케이션의 웹 사용을 위한 정보기술 수용 메커니즘과 웹 사용을 위한 정보기술 수용 메커니즘 사이에는 상당한 괴리가 있을 것이라는 문제를 가지고 접근한 연구이다. 웹에서의 상호 작용 관계를 규명하고 상호 작용성을 강화하면 웹을 이용한 상거래, 즉 전자상거래 활동에서 고객의 긍정적인 태도(긍정적 구전, 재방문, 몰입 등)가 나타난다고 하였다. 또한 전자상거래를 위한 시스템 모델을 개발하기 위해서는 상호 작용에 관한 관심과 연구가 필요함을 주장하였다.

이민호, 박광태(2002)의 연구는 전자상거래에서 물류서비스 품질과 고객만족에 관한 내용을 다룬 연구이다. 연구 결과 종합몰의 경우 정확성, 신뢰성, 공감성, 대응성의 요인이 전문몰에서는 대응성을 제외한 정확성과 신뢰성, 공감성의 요인이 만족에 영향을 미친다고 주장하였다. 이러한 주장은 본 연구에 있어 제품주문과 배달의 과정에서 즉각적인 정보제공과 확인 그리고 적시적인 정보제공과 확인의 개념을 유추해 낼 수 있다. 특히 최근 들어 전자상거래의 개선문제로 지적되는 물류문제는 단순히 물건 배달뿐만 아니라 물류정보에 대한 정보처리의 확인과 제공에 관한 영역까지도 관심을 두어야 함을 분석할 수 있게 된다.

이정섭, 장시영(2003)의 연구는 상호 작용 시스템을 이용한 상거래와 전통적 상거래에서의 고객만족을 비교한 것으로서 전통적 상거래에서의 신뢰성이 매우 높게 나타나서 인터넷 상거래 업체는 신뢰성뿐만 아니라 편리성, 시간 절약, 비용절감, 즐거움의 제공 등에 관해서 관심을 기울여야 한다고 하였다. 상기 연구는 본 연구의 시각에 있어서 전자상거래 시스템의 상호 작용적 관점에 의해 신뢰성을 제공하고 커뮤니케이션의 풍부성을 보장할 수 있는 모델 개발의 필요성을 주장하는 것으로 분석된다.

그러나 상호 작용을 지원하는 수단으로 전화, 메일 등 여러 가지를 검토하였으나 현실적으로 상기 연구 결과를 전자상거래 기업들이 받아들이고 도입할 수 있는 실무차원에서의 구체적인 절차와 방법에 대한 설명이 부족하였다.

이상과 같이 본 연구와 관련한 선행 연구 조사에서는 전자상거래를 둘러싸고 여러 가지 연구가 진행되고 있을 파악할 수 있었다. 그러나 대부분의 연구들이 상기에 언급한 바와 같이 학문적 틀과 범주 내의 연구라는 특징으로 인해 연구의 결과를 직접 활용하기에는 여러 가지 한계가 지적되었다. 그럼에도 불구하고 상기 연구 결과들을 종합하여 볼 때 전자상거래 지원 시스템에서 신뢰를 형성하기 위해서는 상호 작용적 관점의 연구, 고객과 판매자 간의 커뮤니케이션 향상을 위한 연구 그리고 정보제공의 즉각성과 적시성에 관한 연구의 타당성과 시급성으로 모아져서 이들에 대한 연구의 필요성을 뒷받침한다고 생각된다.

2) 전자상거래 고객만족 지원 시스템

제2절 전자상거래 고객만족 지원 시스템의 기술 내용은 전자상거래를 시스템적인 시각에서 접근하여 고객반응유도모델의 기술적인 측면을 고찰한 것이다. CRM과 SCM 등 전자상거래 지원 시스템과 본 연구모델을 통합하여 구현하기 위한 기술로서 스트럿츠 프레임워크, 에이전트 기술, 그리고 차세대 전자상거래로 인식되고 있는 U-Commerce에 대해 기술하여 전자상거래 고객만족 지원 시스템에 대해 시스템적 고찰을 시도하였다. CRM은 고객과의 관계향상으로 고객로열티를 제고하기 위한 개념을 의미하며 본 연구에서 정보제공의 적시성과 즉각성 그리고 커뮤니케이션 관계에 대해 시스템적인 시각적 접근을 위해 기술하였다. 또한 SCM도 과거의 제조에서 고객에 이르는 각 프로세스에 대한 개념이 최근에는 더욱 확대되어 CRM과의 연계를 주장하는 연구도 진행되고 있어 고객만족을 위한 SCM과 CRM 부분의 연결모듈 구성에 대해서도 관심이 모아지고 있다. 이에 따라 CRM과 SCM은 과거 그 태동의 환경이 상이했으나 근래 들어 고객만족이라는 동일한 목적을 향해 연구가 이루어지고 있고, 이러한 연구 방향은 본 연구의 즉각성과 적시성에 대한 개념적 토대를 마련해 준다고 요약할

수 있다. 이에 따라 본 장의 제2절에 대한 고찰에서 CREM의 기본 속성인 즉각성과 적시성의 요인을 도출하였고, 상기 모델들을 고려하여 제안모델의 설계에 있어 중요한 방향을 설정하는 데 개념적 토대를 마련하였다.

3) 전자상거래 정보기술 속성과 커뮤니케이션

제3절 전자상거래에서의 정보기술 속성과 커뮤니케이션에서는 정보기술의 속성에 대한 선행 연구를 통하여 본 연구에서 제안하는 모델 속성의 이론적 토대를 마련하고자 하였다. 본 장의 제1절과 제2절에서 분석된 내용을 종합해 보면 정보기술의 속성과 상호 작용을 고려해야 함을 분석할 수 있었으며, 상호 작용은 커뮤니케이션적 측면에서 접근되어질 수 있음에 따라, 제3절에서 전자상거래 커뮤니케이션을 극대화할 수 있는 방안에 대하여 기술하였고 다음의 제3장에서 제시되는 고객반응유도모델에 관해 고객과 판매자 간의 상호 작용과 커뮤니케이션을 고려하고 정보제공의 즉각성과 적시성의 이론적 토대와 주요한 고려 기준을 설정하고자 하였다.

Ⅲ. 전자상거래 고객반응유도모델

제2장의 전자상거래 고객만족에 관한 주요 관련 연구와 전자상거래 지원 시스템 및 커뮤니케이션에 관한 이론적 고찰을 토대로 하여 고객반응유도모델을 제안한다. 제1절에서는 전자상거래와 고객반응유도모델과의 관계를 논하며 제2절에서는 고객반응유도모델을 적용한 시스템의 설계 및 구현에 관하여 논하고 제3절에서는 고객반응유도모델의 기대효과 및 영향에 대하여 기술한다.

1. 전자상거래와 고객반응유도모델과의 관계

1) 전자상거래에서의 고객반응유도모델의 필요성

전자상거래는 전통적 상거래에 비해서 일반적으로 기업과 소비자의 직접적인 연결, 24시간 운영환경, 쌍방향 통신을 기반으로 하는 1 : 1 마케팅, 온라인을 기반으로 하는 상거래 활동 등이 가능한 특징을 지니고 있다.

전자상거래의 전통적 상거래에 대한 비교는 많은 사람들에게 알려져 있고, 또한 수많은 유용한 기술들이 구현되어 활용되고 있다. 그러나 전자상거래의 발전적인 추세에도 불구하고 현재의 전자상거래가 해결해야 할 근본적인 문제들은 곳곳에서 나타나고 있다. 한국전산원이 발행한 『2002 한국인터넷 백서』에 의하면, 지난 2001년의 전자상거래 솔루션의 시장은 매우 부진한 실적을 기록했고, 대부분의 업체들이 2001년에 비해 매출이 감소했으며, 매출이 증가한 일부 업체도 외형적인 성장을 유지한 정도이고 수익성은 크게 떨어진 상태라고 발표하였다.

전자상거래 업계는 급속하게 늘어난 쇼핑몰의 범람으로 지나친 가격경쟁과 관리 및 인건비 상승 등의 문제를 초래하고 있으며 자칫 '거품'으로 치달을 수도 있다는 우려 또한 제기되었다. 이로 인해 전문쇼핑몰은 고유의 특화된 분야에서 최고의 품질로 고객을 위한 토털서비스를 제공하면서 전문화된 제품을 취급하기 위해 애쓰고 있으며, 대형 쇼핑몰들의 경우 기업 간 인수합병 등을 통한 '몸집 불리기'를 통해 규모의 경제를 실현하고 인건비를 비롯한 고정 관리비를 절감시키는 것을 최우선 과제로 삼고 있거나 또는 아웃소싱(Out-Sourcing) 등을 통해 경쟁력 확보에 부심하고 있다.

전자상거래의 발전상은 Kenneth C. Laudon과 Carol Guercio Traver가 주장하는 "E-Commerce-Ⅰ", "E-Commerce-Ⅱ"의 분류로 생각해 볼 수 있다. 〈표 3-1〉에는 이들이 주장하는 내용을 함축적인 특징으로 담고 있다. "전자상거래-Ⅰ"은 1994년 최초의 상업 웹브라우저인 Netscape가 사용 가능하게 되고 동년에 세계 최초로 hotwired.com에 첫 배너광고가 나온 이래 1995년부터 본격적으로 전자상거래의 붐이 일게 되었다. 벤처캐피탈의 투자와 기업가 정신 기술 주도의 주요 특징을 보이고 있는 전자상거래는 현재 전 세계적으로 "전자상거래-Ⅱ"의 시대를 맞이하고 있다.

〈표 3-1〉 전자상거래 Ⅰ, Ⅱ[Kenneth C. Laudon 외, 2002]

구 분	E-Commerce Ⅰ	E-Commerce Ⅱ
기 간	1995 - 2000	2001 - 2006
특 징	- Technology-driven - Revenue growth emphasis - venture capital financing - Ungoverned - Entrepreneurial - Disintermediation - Perfect markets - Pure online strategies - First mover advantages	- Business-driven - Earning and profits emphasis - Traditional financing - Stronger regulation and governance - Large traditional firms - Strengthening intermediaries - Imperfect markets, brands and network effects - Mixed click and bricks strategies

주요 특징은 "전자상거래-Ⅰ"의 기술주도 방식에서 "전자상거래-Ⅱ"의 비즈니스 주도 방식으로, 순수한 온라인 전략에서 온라인과 오프라인을 혼용하는 방식의 도입이 주요 특징이다. 이러한 특징은 현재 국내의 주요 전자상거래 기업들의 현황을 살펴봐도 상당부분 일치되는 면이 있으며 전자상거래 Ⅱ는 그동안의 전자상거래 방식이 아니라, 전통적 상거래에서 제공했던 다양한 고객서비스가 이루어질 것이므로, 본 연구와의 의미가 있다고 사료된다. Kenneth C. Laudon과 Carol Guercio Traver가 주장한 전자상거래와 산업 간의 가치사슬관계는(그림 2-7 참조) 공급자에서 고객에 이르는 가치의 흐름으로 이해할 수 있다.

전통적인 분류인 공급자, 생산자, 도매상, 소매상 그리고 고객의 분류가 전자상거래의 도입으로 인해 공급자에서 배송자와 고객으로 이어지는 간격이 현저하게 축소되고 간단화됨을 알 수 있다. 그러나 이러한 규모와 절차의 축소에는 공급관리시스템, 물품관리시스템 그리고 효과적인 고객 반응시스템 등이 부가적으로 필요하게 되어 전자상거래의 무분별한 단순도입은 『2002인터넷 백서』에서 주장하는 바와 같이 수많은 기업들의 고충이 초래되는 결과를 이끌게 된다. 그러므로 확실한 경영전략의 수립과 이를 토대로 다양한 요소의 확보를 통한 비즈니스의 수행이 필요하고 또 이러한 요소가 중요해진다.

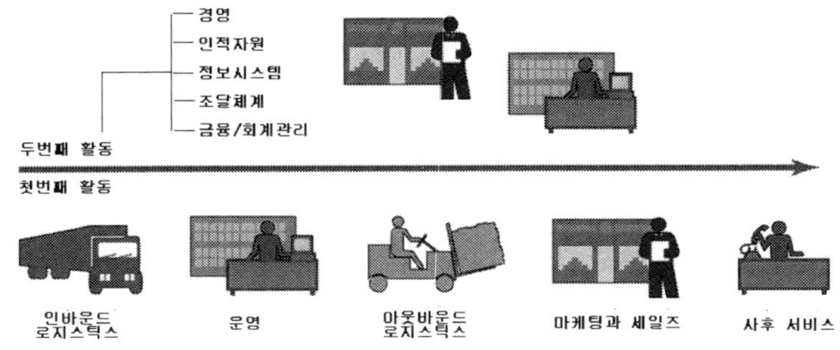

(그림 3-1) 전자상거래와 기업가치사슬[Kenneth C. Laudon 외, 2002]

전자상거래가 안정적인 수익을 실현할 수 있기까지에는 환경과 기술 그리고 경영과 자금, 회계 등의 비즈니스 전략이 필요하다. (그림 3-1)의 전자상거래와 기업가치사슬을 살펴보면 1차 활동과 2차 활동의 관계를 이해할 수 있다. 먼저 1차 활동으로 로지스틱스, 운영, 세일즈와 마케팅, 그리고 사후 관리의 도메인 영역이 여기에 해당하고, 2차 활동으로는 경영, 인적 자원, 정보시스템, 조달, 금융과 회계 등의 도메인이 해당함을 알 수 있다. 현재 많은 기업들이 아직까지도 1차적인 가치사슬 활동단계에 머무르고 있다. 심지어는 적당한 머천트 솔루션(Merchant Solution)으로 쇼핑사이트를 개설하기만 하면 많은 이익을 실현할 수 있다는 환상에 사로잡혀 있는 사람들까지 만날 수 있는데 이러한 데에는 1차적으로 전자상거래의 내/외부의 환경적 요인과 시스템적 개념이 확실하게 정립되지 않은 과도기적인 현상에 근거한다고 분석된다.

(1) 전자상거래 모델 분석

(그림 3-2)는 국내의 대표적 B2C기업 중 하나인 H기업의 전자상 거래 주문 상품 확인 페이지(B2C Model)이다. 본 페이지가 나타나기 까지 전 구매의 전 과정에서 본 연구가 지향하는 고객반응유도와 관 련한 프로세스를 찾기가 어려웠다. 현재 대다수의 전자상거래 기업들 은 대체적으로 (그림 3-2)와 (그림 3-3)에 나타난 과정과 유사한 판매 절차를 기본으로 하여 운영하고 있다.

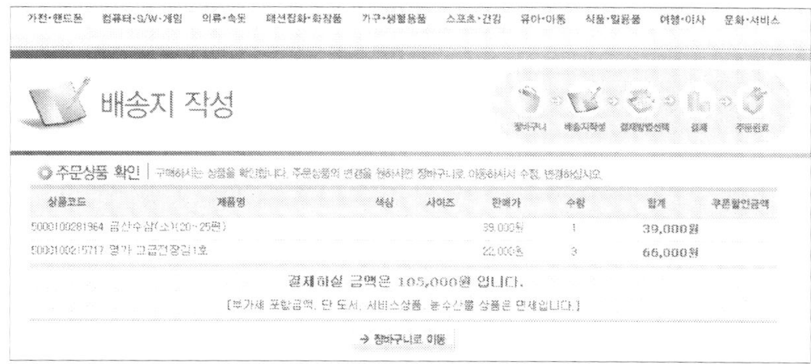

(그림 3-2) 국내 H기업의 주문 상품 확인 페이지

현재의 전자상거래 구조에서 단점은 구체적으로 구매자의 요구에 대한 제품의 별도정보 제공이나 판매담당자와의 실시간 대화, 우량고 객에 대한 차별화된 서비스를 제공하기 어려운 구조 등을 지적할 수 있다. 다만, 별도의 회원(예: 정회원 등)제도의 시행을 통해서 일부 제시된 단점들을 극복하려는 움직임과 제품구매에 대한 흥정을 위한 환경제공의 노력은 있지만, 전통적인 구매 절차와 같은 환경구축과 운영 그리고 동적인 고객서비스를 제공하는 문제를 해결하기엔 거리가 있다고 사료된다. (그림 3-3)에 나타난 전자상거래의 프로세스는 전통적인 상거래모델과 비교한다면, 대형할인 유통점의 판매 프로세스와 비슷하다고 볼 수 있으나 일반 백화점의 판매자(가이드) 운영방식이나 전문(도)소매점과 같은 고객서비스 지향적인 구조와는 다르다.

2) 고객반응유도모델 제안

본 연구의 이론적 고찰에서도 기술하였듯이 일부 전자상거래 관련업체들은 고객응대시스템(CRS)을 사용하여 고객의 질의와 주문에 의한 응대를 수행한다. 고객응대시스템은 고객의 질의를 받았음을 확인해 주거나, 또는 고객이 요청한 사항에 대해서 언제까지 일처리를 해 줄 수 있다는 답변통보를 하기 위한 용도로 사용되는데 주요한 CRS의 수단은 전자우편과 웹 게시판을 별도로 사용하거나 또는 혼용하여 사용한다.

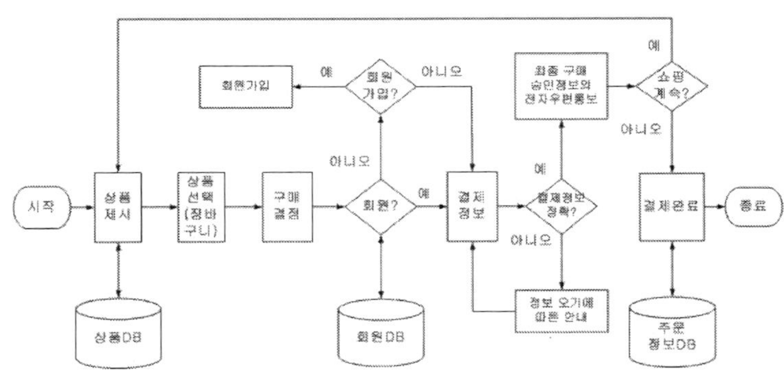

(그림 3-3) 전형적인 전자상거래 시스템의 정보흐름

온-오프라인의 매장을 동시에 운영하는 업체들과, 홈쇼핑과 전자
상거래 사이트를 운영하는 기업들은 CTI와 CRM을 통합하여 CRS라
고 하는 혼합된 형태를 보이기도 한다. 그러나 이러한 CRS의 운영은
고객서비스 센터에 국한하여 또는 전화를 이용한 상담이나 제품문의
등에 운영하고 있어 전통적인 상거래의 환경적 특성을, 즉 즉각적
(Immediate)이거나, 적시적인(Timeliness) 커뮤니케이션에 의한 상호
작용은 기대하기 어렵다. 〈표 3-2〉에서 제시한 바와 같이 경영적인
측면에서 전자상거래는 시간과 공간적 제약에서 자유롭다. 그런 반면
에 전통적 상거래는 전자상거래에 비해 면대면 접촉을 하므로 신뢰성
과 응대성에서 전자상거래 환경보다 더욱 적극적이며 고객만족과 반
응에 대해 최적화가 가능하다는 장점이 있다.

〈표 3-2〉 경영적 관점에서의 전통적 상거래와 전자상거래의 비교

구 분	전통적 상거래	전자상거래
시간·공간 제한	제한 있음	제한 없음
물건보관창고	전시 및 보관창고 필요	필요 없음
운영 형태와 공간	매장을 통한 전통적 현실 세계 운영	머천트 서버와 DB, 인터넷 등의 가상공간상의 운영
고객과의 접촉	면대면(face-to-face)	웹 게시판, e-mail, 메신저
운영비용	높은 비용 요구	상대적으로 매우 낮은 요구 비용

<표 3-3> 고객 관점에서의 전통적 상거래와 전자상거래의 비교

비교항목	전통적 상거래	전자상거래
매장 입장 시 친절도	판매자가 친절히 맞아줌	형식적 메시지 또는 제한적인 메시지 제공
제품 상담 요청	신속하고 친절한 상담	웹 게시판 또는 전자우편 등의 전자 문서 상담
반응속도	즉각적/적시적	불규칙적이며(하루 또는 그 이상의 시간도 소요)
반응에 따른 신뢰감	매우 높음/고객이 기업 경영의 신뢰성 여부를 파악할 수 있음	상당히 느린 반응속도로 인해 경영에 대한 신뢰감 매우 낮음
우수 고객화 경향	강하며 인간적 친밀도와 상호신뢰에 기인함	빈약하며 가격할인 등 서비스 정책에 따라 주 고객층이 이동
고객요구에 대한 응대	매우 동적이며 유연함	상당히 정적이며 요구의 수용까지 매우 오랜 시간이 소모됨
주요 불만요소	구매에 따른 높은 기회비용	매우 느린 응대체계로 인한 낮은 신뢰감
가격흥정	가 능	불가능

고객의 관점에서 전통적 상거래와 전자상거래의 비교는 〈표 3-3〉에 제시하였다. 전통적 상거래는 즉각적이거나 또는 적시적으로 고객에 적합한 최적화된 서비스를 제공하는 반면에 전자상거래는 그렇지 못하다. 또한 인간적인 측면에서도 전통적 상거래는 면대면 방식이기 때문에 친밀감이 생성되지만, 전자상거래는 그렇지 못하다. 전통적 상거래는 전자상거래에 비해 제한된 시간에 대규모의 주문접수 등의 업무처리가 불가능한 반면에 전자상거래는 그렇지 않다. 전통적인 상거래 활동에서 시행되는 다양한 고객반응 서비스가 전자상거래에서는 소극적이거나 아예 제공되고 있지 못하고 있다. 제기되고 있는 고객과

판매자 간의 불만은 전자상거래가 성공적이기 위해서 극복해야 할 과제라고 생각되며, 〈표 3-4〉에 거래 주체 간에 안고 있는 문제점을 여러 문헌분석을 통하여 정리하였다.

(1) 고객반응유도모델(CREM)의 개요

본 연구에서는 기존의 고객응대 관련 시스템의 개념과 기능을 확대한 고객반응유도모델(CREM)을 제안한다. CREM은 전자상거래 시스템에서 제공되는 상품정보와 상담 또는 기타 여러 가지 고객의 요구와 판매자의 적극적인 서비스 정책에 의해 면대면 방식인 전통적 상거래에서와 같은 응대환경을 지원하는 기능의 모델을 지칭하는 것으로 판매자와 고객과의 높은 커뮤니케이션(면대면 효과지향)지원, 가격협상지원, 고객관계지향 보조 등 전자상거래의 특징을 기반으로 전통적 상거래의 장점을 추가하고 확대한 것이 특징이다.

즉 제품에 대한 구체적인 설명요청에 대한 신속한 답변, 제품주문에 대한 신속한 확인통보, 서비스 요청에 대한 신속한 응대 등 전통적 상거래에서 제공되고 있는 다양한 답변과 서비스의 제공의 기능이 있다. 또한 CREM은 우량고객이거나 또는 우량고객이 될 가능성이 높은 고객에 대한 판매자의 정책적 판단에 따라 특화된 서비스를 제공하는 기능을 가진다. 전자상거래 사이트 방문 시 과거 구매한 제품에 대한 간단한 사용경험이나 불만족스러운 점은 없었는지 또는 고객에 대한 생일 등 기념일을 확인해 주는 서비스 제공과 고객이 즐겨 구매하는 제품군에 대한 최신 제품이 도착하였을 경우, 이에 대한 통보 등 적시적인 측면에서의 마케팅 활동을 지원할 수 있다. 뿐만 아니라, 고객이 요구한 질의에 대해 고객이 원하는 시점에 응대하는 등의 기능을 보유한다. 여러 가지 기능에 대해서 고객과의 접촉점은 동영상 장치를 사용하거나, 또는 전자우편, 즉각적인 메시지 박스(Instance Message Box), 인터넷전화(VoIP), 일반전화 등을 사용할 수 있다. 제시한 CREM의 방법을 기업의 환경과 규모를 고려하여 적절하게 조정 운영할 수 있을 것이다. 예를 들면, 일정한 수량을 구매한 고객, 고객 등급분류, 일정한 금액 이상의 구매와 구매희망 등에 따라 CREM이 지향하는 서비스를 제공할 수 있을 것이다.

〈표 3-4〉 현행 전자상거래의 고객반응 관련 문제

구 분	주요 불만사항	요 약
-전자상거래 이용자(소비자 측)의 불만사항	-고가의 제품을 구매신청해도 일률적인 서비스를 제공받음(우대서비스 부족) -상품을 대량 주문해도 일률적인 서비스를 제공받음(우대서비스 부족) -상품에 대한 차별화된 안내를 제공받길 원함 -(우량고객의 경우) 고객에 대한 특화 서비스가 부족함 -제품판매 담당자와 실시간으로 상담할 수 없거나 곤란함으로 인해 사이트의 신뢰성 결여	-우대서비스 부족 -고객마다의 특징을 고려한 세심한 서비스를 기대 -특화된 서비스 희망 -실시간의 온-오프라인 거래 환경을 희망
-전자상거래 운영자(판매자) 측의 불만사항	-고가, 대량의 상품을 주문한 고객을 즉시 알아내고 확인할 수 없음 -판매자의 지식과 경험을 상거래 시스템에 반영하기 어려움 -소비자 측과의 접촉이 온라인 환경에 의해 제약되어 있으므로 관계개선을 도모하기 곤란 -온라인을 통해서 우량고객을 위한 특화된 서비스 제공이 어려움	-실시간 정보제공 및 확인 서비스 희망 -개인별 마케팅 능력을 반영할 수 있는 온라인 전자상거래 환경요구 -실시간의 온-오프라인 거래 환경희망

(2) 고객반응유도모델(CREM)의 목적과 위치

CREM은 기존의 CRS가 가지는 고객응대의 수동적인 환경을 능동적인 환경으로 개선한 것으로, CREM은 적극적인 고객응대와 고객서비스를 위한 환경을 지원하며 고객의 기대 충족을 통한 고객만족과 나아가서 고객의 긍정적인 반응, 즉 고객반응을 유도하기 위한 목적을 지닌다.

이러한 CREM을 구현하기 위해서는 멀티미디어를 지원하는 다양한 장치, 즉 전화, 전자우편, 팩스, Instance Message, 웹 기반의 실시간 동영상 장치(웹 캠) 등이 필요하다. CREM의 구현을 가정하여 고객반응유도시스템(CRES, Customer Reaction Encouragement System)이라 명명 지었을 때 CRES가 전자상거래 머천트 서버와의 관계에서 가장 적절한 위치를 (그림 3-4)에 나타냈다. CRES는 고객관계관리 시스템(CRMS)을 이용하여 고객과의 관계를 좀 더 견고하게 제고시킬 수 있으며, 고객을 위한 최적의 서비스를 온라인 환경하에서 제공할 수 있다.

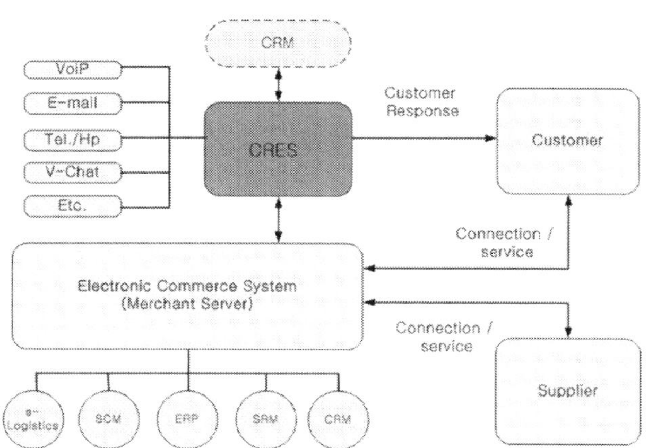

(그림 3-4) 고객반응유도시스템과 ECS 간의 위치

(3) 접근방법과 고객반응유도모델의 특징

긍정적인 고객반응(즉시구매, 지속적 구매, 긍정적 구전 등)을 유도하고, 향상시키기 위해서는 고객만족을 위한 몇 개의 프로세스 추가가 필수적이다. 추가되는 프로세스는 현재의 주요한 전자상거래 모델에서 제기되고 있는 상당부분의 문제를 해결할 수 있으리라 생각된다. 이러한 추가프로세스를 기존의 고객응대시스템과 결부시켜 고객반응유도모델이라 지칭한다.

제안하는 고객반응유도모델의 개념은 〈표 3-5〉에서 제시한 바와 같이 구매결정을 내리지 못한 고객에게 있어 구매결정을 도와주고, 현 상황에서 판매자와의 가격협상을 할 수 있도록 지원해 주며, CRM과 연계하여 지속적인 고객로열티를 증가시킨다. 또한 향후에도 지속적인 구매를 유도하며(우량 고객화), 긍정적 구전의 효과를 통해서 기업의 이미지 제고 등을 목적으로 한다. 머천트 서버와 고객관계관리 시스템과의 유기적인 관계 속에서 고객을 위한 구체화된 서비스 시스템의 일부분으로 작동 운영될 수 있다. 기존의 상품에 대한 협상 등의 문제는 기계적으로 처리되는 모델이 아니라 인간이 수행하도록 위임한다. 일종의 하이브리드 모델(Hybrid Model)로 볼 수 있다. 인터넷상에서 추천되는 비즈니스전략으로는 차별화, 비용, 범위 그리고 집중화가 추천된다. 그런 점에서 전자상거래 기업들이 전문화를 추진하는 것은 바람직하다는 견해가 일반적이다. (그림 3-1)의 전자상거래와 산업가치사슬에서 나타낸 바와 같이, 전통적 상거래에서의 소매상들도 실시하고 있는 효과적인 고객반응체계를 제대로 구현하고 있는 기업들은 일부 몇몇 대기업을 제외하고는 사례를 찾기가 매우 어렵다. 이러한 문제를 극복하기 위하여 데이터마이닝(Data Mining) 기법과 eCRM 등의 방법이 도입 시도되고 있기는 하지만, 오프라인에서 실행되는 순수한 의미의 고객반응체계를 구현하는 단계의 초보적인 수준을 벗어나지는 못하고 있다. 또한 전자상거래를 영위하는 많은 기업들이 비즈니스 전략과 가치사슬을 규명하여 적극적인 비즈니스 활동을 전개하기에는 경제적인 부분 등 많은 문제가 따른다.

〈표 3-5〉 전자상거래의 고객응대모델과 제안모델의 탐색적 비교

구 분	주요한 기능적 특징	비 고
현재의 고객응대 시스템 (현행 EC모델)	-낮은 수준의 상호 작용성 -제한적인 조건 반응 프로세스 -전자우편을 주요한 커뮤니케이션 　수단으로 사용	-확장성 측면에서 미흡 -판매자의 지식과 경험 　이 반영되기 어려움
제안하는 고객반응 유도모델	-즉각성 개념도입 : 고객에 대한 즉 　각적인 응대와 정보제공 -적시성 개념도입 : 고객에 대한 적 　시적인 응대와 정보제공 -다중조건에 의한 응대 프로세스 지 　원 가능 -다양한 매체를 통신수단으로 사용 가능	-화상시스템과의　연계 　등 확장성이 큼 -판매자의 지식과 경험 　을 반영시킬 수 있음 -기업마다의 특색을 　강화할 수 있는 수단 　으로 이용가능

이에 따라 현재의 전자상거래 기업들은 상품에 대한 저가(低價) 정책만을 고수할 것이 아니라 기업의 경쟁력을 강화하고 기업이 보유하고 있는 저마다의 고유한 특성, 즉 기업특성, 판매노하우, 판매자의 지식 등을 본 연구논문에서 제시하고 고객반응유도모델을 통해서 전자상거래 신환경을 조성할 수 있을 것이다. 그러므로 고객반응유도모델이 반영된 전자상거래 환경은 전자상거래가 가지고 있는 장점을 발전시키고 그동안 지적받아 왔던, 전통적 상거래와 전자상거래의 이질적인 특성을 좁히면서 전통적 상거래의 장점인 면대면 고객커뮤니케이션의 효과를 지향하여 현재의 전자상거래보다 더 한층 발전적인 전자

상거래 모델을 구현할 수 있을 것이다.

3) 전자상거래에서의 조직구성과 운영

본 연구에서 전자상거래가 안고 있는 문제들을 해결하기 위한 방법 중 하나로 고객반응유도모델의 도입을 제시하였다. 제안모델은 일부분 현재의 전자상거래 기업의 경영방식과는 다른 구조를 포함할 수 있다. 물론 제안모델을 모든 기업에 그대로 적용시킬 수는 없다. 가장 적합한 방법은 해당기업에 최적화를 시켜야 하지만, 그 방법은 많은 어려움이 따른다. 제안모델을 현 전자상거래 환경에 적용하게 되면 조직구성과 운영은 어떻게 해야 하는지 가장 적합한 모델에 대해서 주관적 의견을 제시한다. 이를 위해 현재 전자상거래 기업들의 조직운영 형태를 제시하고 제안하는 조직구성을 제시하여 비교 기술한다.

(1) 현 기업들의 조직운영 형태

① 대규모 기업의 전자상거래 조직의 운영 형태

주로 EC시스템 운영팀, 콜센터(Call Center), 물류팀, 총무(운영)팀 등으로 구분되어 운영되고 있으며 콜센터의 운영 사례도 규모가 큰 기업의 경우에 활용되고 있음을 파악할 수 있다. 콜센터는 일반적으로 CTI를 통해서 운영되는데 온라인상에서 주문 또는 요청된 고객의 정보를 이메일 등을 통하여 다른 환경에서 각종 정보를 공유하고, 전화를 통한 고객의 각종 요청에 대한 서비스를 제공하는 체계를 이루고 있는 것이다.

CTI는 전화로 걸려오는 고객의 요청 또는 이메일로 수신되는 고객의 질의에 대한 서비스를 제공하기 위해 고안된 것이다. 그러므로 순간이동과 신속성 등을 기본 요소로 하는 전자상거래에서 CTI 등을 이용한 질의 처리는 프로세스 속도가 늦을 수밖에 없으며 영세한 규모의 전자상거래 기업 조직에서는 관리 및 운영상에도 부담으로 작용할 가능성이 크다. 더욱이 전자상거래 고객접점에 대한 위치가 단순하게 고객서비스 특히, A/S의 환경에 치우친 경향이 강하다.

② 중/소규모의 기업 전자상거래 조직의 운영 형태

EC시스템 운영팀, 물류팀, 총무팀 등으로 운영되는데 거의 대부분이 소수의 인력으로 1인 다역의 업무를 수행하고 있다. 콜센터와 같은 시스템은 운영하기 어렵고 고객의 주문을 단순한 온라인 주문 관리 시스템 또는 이메일 확인 등의 직접적인 방법을 통해서 확인가능하다. 뿐만 아니라 고객의 요구에 대해 적극적인 응대를 보이는 것은 현실적으로 어렵다. 전자우편을 보냈을 경우에 만일 담당자가 시간이 허락하여 즉시 메일을 확인하는 경우가 아니고는 시스템적으로 고객의 요구에 응대하는 체계는 갖추어져 있지 않다. 중/소규모의 전자상거래 기업들은 고객의 주문확인이나 불만 접수 등의 업무에 자동화된 메일 시스템만을 운영하고 있는 상황이다.

그러므로 전자상거래를 하고 있지만, 고객의 전자적인 메시지보다 전화를 사용하는 한 단계 낮은 수준의 방법이 오히려 빠른 응대를 유도하는 경우가 빈번하다.

(2) CREM을 도입한 전자상거래 기업의 조직구성과 운영의 제안

CREM을 도입한 전자상거래 기업들이 고객들의 기대수준과 다양한 요구사항을 만족시켜 주기 위해서는 고객이 원하는 정보를 그때그때

즉시 제공해 주어야 한다. 전자상거래를 이용하는 많은 고객뿐만 아니라 소비자들은 인터넷기반의 전자상거래를 시도할 때에는 인터넷의 특징적 요소에 익숙해 있고 그러한 결과를 기대하게 되어 판매자들의 즉흥적인 응대를 기대하게 된다.

이러한 기대를 가능하게 하는 시스템을 '실시간 고객응대 및 정보제공 체계'라 할 수 있는데 현재 운영 중인 거의 모든 전자상거래 시스템은 '실시간 고객응대 및 정보제공 체계'를 갖춘 곳이 거의 없다. 설령 있다고 해도 소비자들이 전통적 상거래에서 느꼈던, 소매상이 행하여 주던 효과적인 응대체계와는 거리가 있다.

실시간 고객응대 및 정보제공 체계를 갖추기 위해서는 본 연구에서 제안하고 있는 CREM을 도입하여 기업 내 조직을 재구성해야 할 것이다. (그림 3-5)는 종합몰의 경우를 예시로 들었다. 시스템 운영팀, 마케팅팀(제품별 판매담당 배치), 물류/배송팀, 운영/총무팀 기타 사후 관리팀 등으로 구성 운영할 수 있을 것이다. 물류 부분이나 시스템 관리 등 각 부분을 아웃소싱할 수도 있다. 제안하는 조직구성과 운영에서 핵심은 '마케팅팀(제품별 마케팅 담당자를 배치한)'이다.

제안하는 조직에서 마케팅팀은 일반기업 특히 고객과 접촉하는 부분에서의 마케팅팀을 의미하는 것인데 이러한 기업 내 조직구분은 단지 본 연구자의 제안일 뿐 CREM을 도입하는 전자상거래 기업들이 필수적으로 조직을 재구성해야 하는 것은 아니다. 각각의 기업들은 CREM을 도입하기 위해 저마다 지니고 있는 기업환경을 고려하여 최적의 조직을 구성하고 운영하는 것이 적절할 것이다.

CREM을 도입한 기업에서 (그림 3-5)와 같은 모델을 제시한 것은 CREM의 기능을 최적화해서 사용할 수 있는 적절한 모델로 인식되기 때문이다.

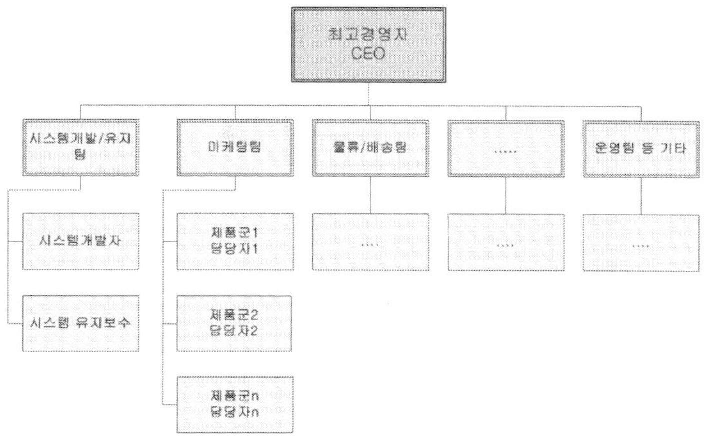

(그림 3-5) CREM을 도입한 조직구성의 예(B2C의 경우)

(그림 3-5)[서순모 외, 2002]에서 제시한 전자상거래 기업, 즉 CREM을 도입하여 CRES를 기존의 머천트서버와 고객관계 관리 시스템을 동시에 운영하는 기업의 입장에서 전자상거래 운영 활동을 UML Use Case로 나타내면 (그림 3-6)과 같다. 일반적인 사용 사례를 보면 제품판매담당자는 제품에 대한 관리를 행한다. 기본적인 정보제공과 판매현황관리 이러한 활동은 오프라인에서 행해지는 것과 같다. 등록된 제품의 정보는 머천트 솔루션에 의하여 고객에게 서비스되고 고객은 자신이 원하는 제품에 대한 정보를 검색하게 되며, 구매 또는 제품에 대한 상세한 정보를 요청할 수 있다.

이 상황에서 EC시스템 에이전트는 고객의 구매정보와 과거 이력 등을 정리하여 판매담당자에게 실시간으로 제공하고, 판매담당자의 모니터상에 제시된 정보를 통해 판매자는 멀티미디어를 활용하여 고객에게 실시간의 응대체계를 가동할 수 있다. 제시한 방법을 그대로 현재의 전자상거래 기업에 적용하는 것은 현실적인 어려움이 있을 것이다. 특히, 인력에 대한 지출이 상당히 많을 것이다. 그러므로 제안모델을 탄력적으로 운용하는 방법이 적절할 것이다. 즉 제안모델을 통한 실시간 상호 작용 기능은 제한적인 고객 예를 들어 VIP고객과 같은 부분에만 적용하고 나머지 다른 상황에서는 시스템적으로 운용 가능한(시스템 정책, 지능형 에이전트 등) 방법을 채택하는 것이 적합할 것이다. 이 부분에 대한 사항은 다음의 4항에서 자세히 다룬다.

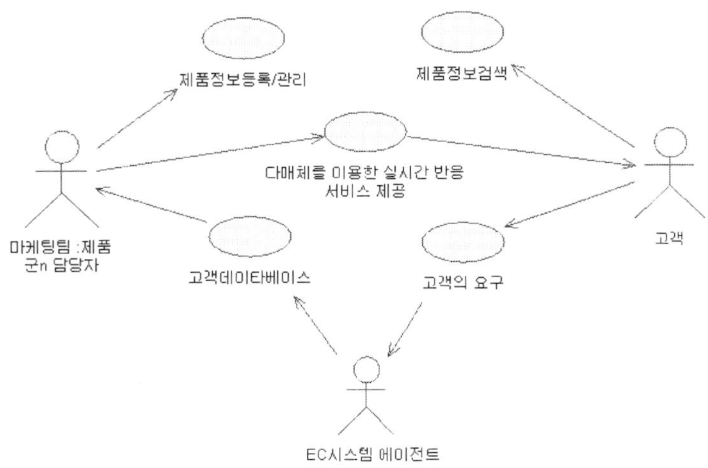

(그림 3-6) CREM을 적용한 전자상거래 기업의 업무 UML UseCase

4) 고객반응유도모델의 실시간 정보제공과 응대기법

기업은 고객과의 끊임없는 커뮤니케이션을 통해서 새로운 가치를 창조하고 증진시키며 유지해야 하는 과제를 안고 있다. 고객과의 커뮤니케이션은 비즈니스의 성공열쇠라고 보는 시각이 널리 호응 받고 있음은 비즈니스 담당자에게 있어 당연한 것으로 받아들여진다. Alistair Cockburn과 Jim Highsmith는 그들의 저서에서 쉬운 소프트웨어 개발

방법론의 도구와 수단으로서 효과적인 커뮤니케이션을 강조하고 이를 신장시킬 수 있는 방안으로 화이트보드 사용 방법을 제안했다.

이들이 강조한 방법에서 커뮤니케이션의 효과에 대한 가치에서 중요한 것은 단방향의 매체보다는 양방향성을 가지는 매체가 질문과 대답(즉 상호 작용)을 하기에 적합하여 커뮤니케이션 효과가 높으며, 이 중에서도 전자우편보다는 전화가 높다는 것을 알 수 있고 이들이 주장하는 화이트보드라는 매체가 커뮤니케이션을 신장시킬 수 있는데 가장 강력한 매체 중의 하나라고 주장했다. '화이트보드'는 널리 사용되어지는 것으로써 그 숨어 있는 요소를 살펴보고, 전자상거래 환경과 이들의 주장을 대입 적용해 보면 고객과 기업 간의 커뮤니케이션을 신장시킬 수 있는 방법의 핵심조건은 다음과 같이 생각해 볼 수 있다.

화이트보드의 경우 두 사람이 대면한 상황에서 얘기를 나누게 되므로 즉각적인 응대가 나타난다. Bergeron(2001)도 실시간 커뮤니케이션에서 전자우편이 가장 낮은 형태라고 지적한 바가 있다(그림 2-33 참조). 실시간 고객응대 및 정보제공 체계의 구축은 전자상거래의 신뢰구축을 통해서 전자상거래에 대한 품질을 좀 더 높이고 신뢰를 기반으로 전자상거래의 활성화를 도모하는 데 목적이 있다. 이들의 주장을 토대로 핵심 요소를 고려해 보면 다음과 같은 것을 생각할 수 있다.

〈표 3-6〉 실시간 고객응대 및 정보제공 체계 요소 제안

고객응대와 정보제공 체계를 위한 핵심 요소	비 고
-시각적인 기법을 사용할 것	커뮤니케이션 연구자들의 연구 결과를 바탕으로 추천하는 내용
-음성적인 기법을 사용할 것	
-양방향성의 특징을 지닐 것	
-응대를 즉시 확인할 수 있을 것	
-2인 이상 대화에(질의응답) 참여 가능할 것	

(1) 에이전트를 이용한 고객응대와 정보제공기법

〈표 3-6〉에서 제시하고 있는 고객응대 및 정보제공을 위한 핵심 요소를 적용하게 되면 고객과 기업, 즉 판매자를 연결시켜 주기 위한 존재의 필요성이 대두된다. 이로 인해서 지능형 에이전트(Intelligent Agent) 기법을 적용하여 시스템을 개발하고 그 방법을 적용하여 (그림 3-6)에서 나타내고 있는 사용 사례를 실제 구현하면 실시간으로 고객질의에 응대하는 고객응대 및 정보제공 체계를 구축할 수 있다.

이 방법은 고객의 질의가 있을 경우 에이전트가 판매자에게 일일이 그 정보를 알려주고 판매자는 그 정보를 기반으로 고객에게 서비스를 제공해 주어 가격협상이나 제품의 상세 정보를 얻을 수 있는 높은 수준의 커뮤니케이션 효과를 얻을 수 있을 것이다.

(그림 3-7)에 제안하는 방법은 매우 적극적인 고객응대 및 정보제공 체계를 구축하는 것으로써, 기존의 소매상이 수행하던 고객응대 및 정보제공 체계와 매우 흡사한 환경을 유도하여 고객으로 하여금 전자상거래 기업과 판매제품에 대한 강한 신뢰관계를 이끌어 낼 수 있다. 이 방법은 적용사례로써 고객이 구매확인 등을 하게 되면 판매자의 모니터에 고객의 구매정보가 나타나고, 동 정보를 기반으로 판매자는 전화나 VoIP, Chat, SMS 등의 방법을 통해 고객에게 직접적으로 접근하여 고객과의 상호 작용을 기반으로 하는 신뢰를 유도해 낼 수 있다.

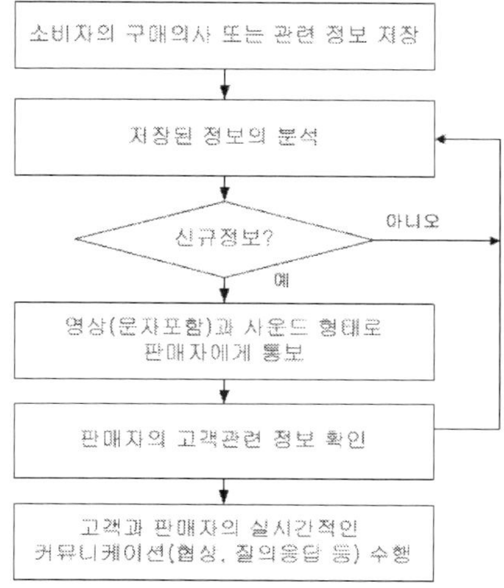

(그림 3-7) 고객응대 및 정보의
전달체계 프로세스

(2) 시스템 정책을 통한 응대와 정보제공기법

전자상거래 시스템에 대한 정책을 사용하여 실시간의 응대체계를 구축할 수 있다. 이 방법은 적극적인 응대체계구축과는 거리가 먼 방법이지만 현재 많은 기업들에서 도입하고 있는 방법을 응용한 것이다. 고객의 잦은 질문이나 사례를 선별하여 그 내용을 시스템 설계와 구축 시에 포함시키는 방법이다.

질문의 유형과 고객의 정보유형을 판별하여 기존의 사례와 대비하고 그에 대한 해답을 소프트웨어 알고리즘을 적용시켜 애플리케이션에 의해 자동으로 매칭시켜 주는 방법이다. 이 방법은 기계적인 응대체계를 구축하는 것으로 이해할 수 있으며, 낮은 수준에서 고객의 전자상거래 기업에 대한 신뢰관계를 이끌어 낼 수 있을 것이다.

(3) 고객응대와 정보제공기법의 기대효과

지금도 전 세계의 수많은 곳에서 전자상거래의 신규사이트 오픈과 폐업이 잇따르고 있다. 전자상거래의 활성화를 위해서는 전자상거래 서비스 품질 제고에 대한 노력 없이는 요원한 일이라 사료된다. 이러한 전자상거래의 품질 제고를 위해서 우선적으로 다양한 시스템 체계 구축, 표준안 마련, 법과 제도정비, 보안, 지불 등등의 기술과 문화가 성숙되어야 한다.

그러나 이러한 사항은 한순간에 이룩되기가 어렵다. 실시간 정보제공과 응대기법을 통한 전자상거래에 대한 신뢰구축은 기존의 오프라인에서 느꼈던 실시간 응대 및 정보제공 체계에 기반을 둔 고도화된 개인화 서비스, 인터넷이라는 신속함이 가져다주는 편리성과 장소의 제한을 극복할 수 있는 등의 여러 가지 장점을 기대할 수 있다. 수많은 장점에도 불구하고 가장 큰 기대효과는 고객과 판매의 지속적인 증가를 기대할 수 있을 것이라는 것이다. 기업과 고객 간에 형성된 신뢰관계는 고객의 로열티 증가를 불러오고 그것은 마케팅학에서 주장하는 고객만족이 긍정적인 고객반응을 유도한다는 것과 CRM에서 지향하는 고객로열티 증가에 따른 매출증대 등과 맥을 같이한다고 사료된다.

2. 고객반응유도모델을 적용한 시스템의 설계 및 구현

1) 고객반응유도시스템의 설계

본 장에서는 연구주제에 대한 개념을 명확히 하기 위해 제안하는 모델의 프로토타입(Prototype)을 제시한다. 이를 위해서 인터넷 기반의 전자상거래 환경에 적용할 수 있는 고객반응유도시스템의 설계와 모델의 주요 내역을 기술하였다.

(1) 고객반응유도시스템의 기능

현재 널리 사용되고 있는 전자상거래(B2C)의 구매/판매 절차는 (그림 3-3)에 나타낸 바와 같이 고객만족과 그에 따르는 긍정적인 고객행동을 고려하지 않은 구조라고 볼 수 있다. 즉 단순한 제품의 열거와 제품구입과 관련한 직접적인 절차만을 구현한 구조이다. 따라서 본 연구에서 제안하는 고객반응유도모델을 수용하여 확장된 전자상거래의 구매/판매 절차를 (그림 3-8)에 제시한다. 제안모델은 (그림 3-3)에 나타난 대표적인 모델과 비교하여 약 8개의 새로운 프로세스가 추가되었다. 그러나 이것은 전자상거래를 시행하는 각 조직단위의 특성에 따라 변경될 수 있으며 다만, 고객반응유도시스템의 적용사례를 보이기 위한 것이다. 실험을 위해 제시하는 모델은 (그림 3-3)에 제시된 대다수의 전자상거래 시스템과 비교하여 다음과 같은 특징이 있으며 이는 확장된 고객반응유도시스템을 전자상거래시스템에 접목한 신모델의 특징이다.

① 구매결정 및 판매자와 인터뷰 요청 프로세스
고객은 EC시스템에서 제공된 제품카탈로그를 통해서 구매결정을 한다. 이 상황에서 고객은 (그림 3-8)에 나온 절차를 준용하는 단순구매(현행 EC모델)를 선택할 수 있고 판매자와의 가격흥정이나 기타 구매에 필요한 상세 정보를 얻기 위한 인터뷰를 요청(버튼 클릭 등)

할 수 있다. 인터뷰 요청모델은 다음의 2가지 형태로 이루어진다.

- *즉각적 인터뷰 요청 : 이 모델은 고객이 인터뷰를 지금 즉시 원하고 있음을 의미하며 프로세스는 바로 반응한다.*
- *적시적 인터뷰 요청 : 이 모델은 고객이 원하는 시간에 인터뷰를 진행하기 원하는 것을 의미하는 것으로, '시간', '인터뷰 수단/방법', '상품명', '간략한 요지' 등의 정보를 필요로 한다. 이 모델은 전자우편을 사용하는 모델과는 상이하며, 해당사항이 진행되지 않을 때는 판매자에게 반복적으로 인터뷰요청 통보를 한다.*

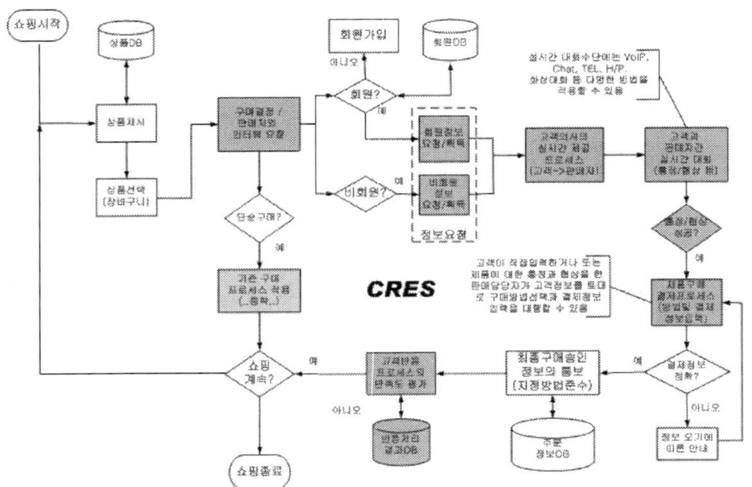

참고 : ■ 부분은 본 연구에서 제안한 절차임

(그림 3-8) CREM을 적용한 전자상거래 시스템의 구매 및 판매 절차

② 정보요청 프로세스

이 프로세스는 회원/비회원 2가지의 세부 프로세스로 나누어진다. 판매자와의 인터뷰 요청을 선택하면 회원의 경우 인증 과정을 거치고, 회원의 정보(ID, 연락처, 현재 구매희망 제품목록, 과거 구매이력 등)를 획득하여 다음 프로세스를 위한 준비를 한다. 비회원인 경우 고객으로부터 이름과 연락처(고객이 입력), 제품목록(에이전트가 자동으로 획득) 등을 획득하여 다음 프로세스를 진행하기 위한 준비를 한다. 이 단계에서는 고객의 IP Address를 획득할 수도 있다. IP Address는 고객과 판매자와의 화상회의 VoIP를 위한 실시간 통신 등에 사용될 수 있다.

③ 고객의사의 실시간 제공 프로세스

이는 판매자에 대한 고객의사의 제공 및 그것을 통한 통신 절차를 의미한다. 통신 절차는 인터뷰 요청프로세스에서 선택한 인터뷰 모델을 넘겨받는다. 즉 즉각적, 적시적 모델의 여부다. 통신 절차 선택이 완료되면, 다음에 통신방법을 선택한다. 전화연락, VoIP연락, Chat, 화상회의 등을 선택한다. 모든 절차와 방법이 선택되면, 판매자는 시스템이 제공하는 일정한 기준에 따라 정보를 제공받게 되며 이를 토대로 고객과 의사소통을 할 수 있다.

④ 고객과 판매자 간 실시간 대화

이 단계는 고객과 판매자가 선택한 통신수단을 통해서 실질적인 흥정 또는 협상을 달성할 수 있다. 뿐만 아니라 회원의 경우에는 과거 구매이력 등을 통해서 판매자가 특정 고객만을 위한 특화된 서비스를 제공할 수도 있다. 이것은 현재의 소프트웨어적인 여러 협상모델과는 달리 인간이 직접 통신매체를 통해서 협상하는 것으로 기존의 여러 알고리즘에 기반을 둔 기계적 접근과는 다르다. 즉 본 기능은 인간의 협상을 위한 환경을 조성해 주는 것이며 시스템적으로 본다면 하이브리드(hybrid) 모델로 간주될 수 있다. 현 상태에 CRM의 기능을 추가하면 더욱 확장된 고객협상을 이루어 낼 수 있다.

⑤ 흥정과 협상의 단계 확인 프로세스

이 프로세스는 고객과 판매자 간의 실시간 대화를 통해서 양자 간 긍정적인 결과를 도출해 내었는지를 확인하는 것으로, '구매', '향후 재협상', '취소' 등의 메시지를 남기게 된다. 이 중 '향후 재협상'의 결과를 얻게 되면 회원인 경우에 그러한 정보를 기록하고, 비회원인 경우에 일정 기간 동안 재방문에 대비하여 임시로 정보를 저장해 두며 상기 기간을 벗어나면 동 정보는 삭제된다.

⑥ 제품구매 및 결제 프로세스

고객과의 협상에서 고객의 '구매결정'을 확인하는 절차로서, 결제방법을 선택하고 그에 대한 정보를 입력하는 단계를 포함한다. 이 방법은 고객이 직접 입력할 수도 있고, 고객의 편의를 위해 판매자가 결제절차를 대행해 줄 수 있다. 다만, 이 절차는 반드시 회원의 사전 동의에 준해야 하며 회원이 이미 선택한 결제 방법을 따라야 한다. 또한 상기 절차를 완료한 이후에 고객은 동 결제정보의 확인 과정을 취한다.

⑦ 고객반응 프로세스의 만족도 평가

원만한 구매와 결제 과정이 이루어졌다면, 고객에 대해서 판매자와의 고객반응 과정이 만족스러운지를 묻고 그에 대한 결과와 조언 등의 정보를 데이터베이스에 저장한다. 이것은 고객만족과 그로 인한 긍정적 고객반응을 유도하기 위해서 판매자의 태도와 협상환경을 지속적으로 개선시키기 위한 절차(장치)라고 볼 수 있다.

⑧ 반응처리 결과 데이터베이스

고객 반응 프로세스의 만족도 평가에 의하여 저장되는 반응처리 결과의 데이터베이스 스키마는 기본적으로 다음과 같다. 'ID(또는 이름)', '고객연락처', '담당 판매원 정보(이름)', '협상/흥정제품코드', '평가 결과', '고객의 조언 및 희망사항' 등이다. 반응처리 결과의 DB는 향후 회원의 재방문과 전자상거래 기업의 환경개선 노력이 이용될 수 있으며 이는 곧 고객반응 환경 개선으로 이해될 수 있다. 적극적인 고객의 반응결과정보 입력을 유도하기 위해 전자상거래 기업에서는 반응 결과를 묻는 프로세스에 마일리지 등의 보너스적인 요소를 추가시킬 수 있다. 상기 항목에서 '평가 결과'는 '아주 만족', '대체로 만족', '보통', '미흡', '불량' 등의 결과를 5점 척도 또는 3점 척도 등의 방법을 사용할 수 있으며, '미흡', '불량'의 사유를 기재하는 과정을 거친다.

고객반응유도를 위한 개념 적용을 위해서, UML을 이용한 UseCase로 표현하면 (그림 3-9)와 같다. 고객은 제공된 상품정보를 통해서 '구매희망' 또는 '협상요청' 등의 고객의사(행위)정보를 발생시킨다. 판매자는 Order Manager와 ECBA 등 각종 에이전트에 의해 고객의 주요한 신원정보와 구매의사 등을 포함하는 고객의사정보를 실시간으로 제공받으며 이를 확인한다. 동 정보를 바탕으로 판매자는 고객과 제품에 대한 협상(흥정) 등의 실시간적인 커뮤니케이션을 실현할 수 있다.

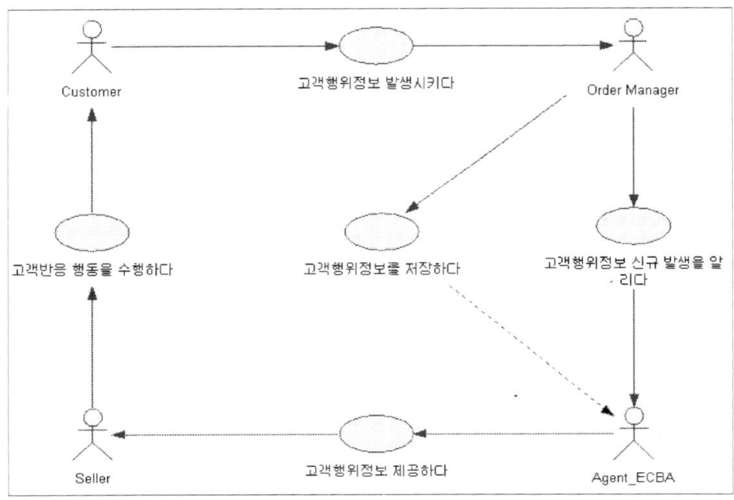

(그림 3-9) CRES와 ECBA의 연동 UML UseCase-1

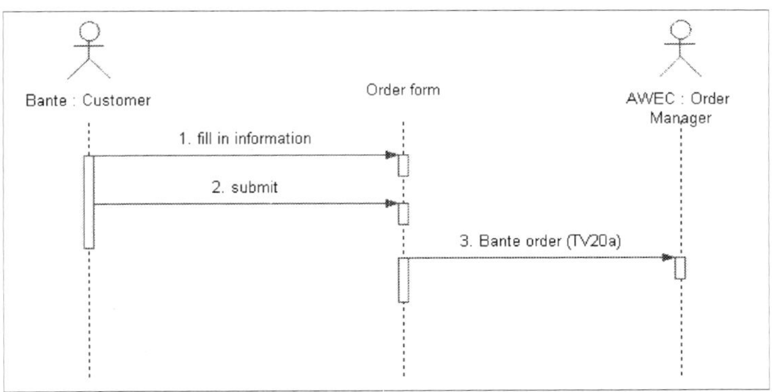

(그림 3-10) CRES와 ECBA의 연동 UML UseCase-2

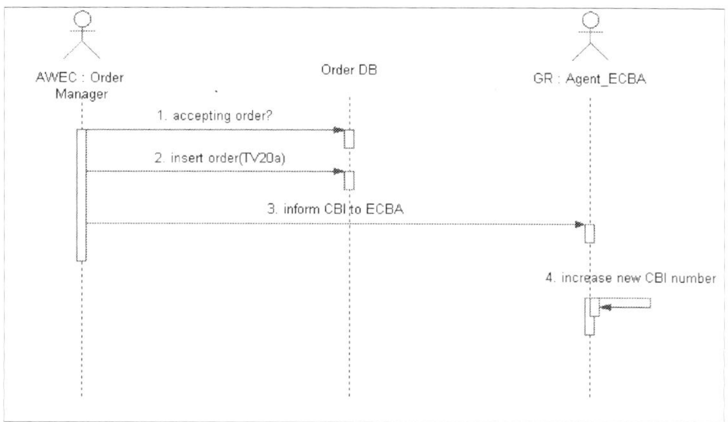

(그림 3-11) CRES와 ECBA의 연동 UML UseCase-3

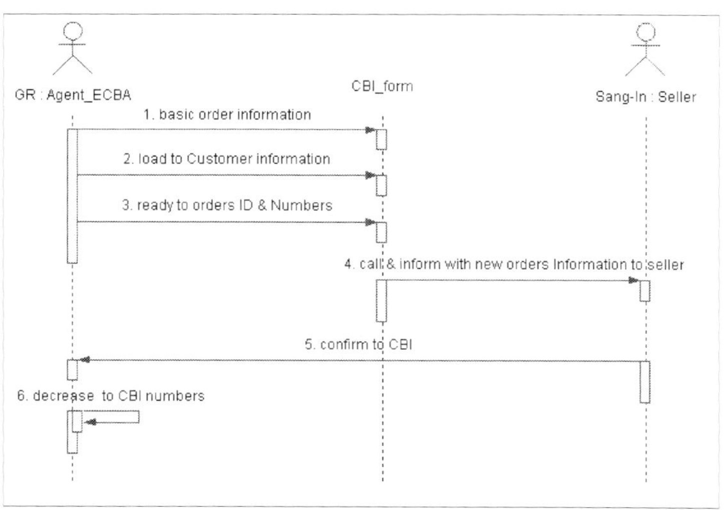

(그림 3-12) CRES와 ECBA의 연동 UML UseCase-4

결과적으로 (그림 3-9)는 고객만족을 위한 일부 수단을 통해 고객
반응유도의 개념을 구현할 수 있는 시나리오와 환경을 지니고 있다.

(그림 3-9)에서 (그림 3-12)까지의 내용은 제안하는 고객반응유도모델을 전자상거래 시스템에 적용하였을 때(이하 CRES4ECS) 이에 대한 사용 사례를 보인 것이다. 고객이 CRES4ECS에 접속하면 전자상거래 시스템은 적절한 상품정보를 제공해 주고 그에 대한 정보를 토대로 고객이 주문행동을 취하게 되었을 때 만일 판매자가 일정한 조건(예: 금액)을 만족하는 구매인 경우 주문정보의 발생을 알리게 된다.

물론, 조건을 지정하지 않으면 모든 주문에 대해 주문정보의 생성을 판매자에게 알린다. 또한 동 정보는 주문관리자(에이전트)에 의해 판매자에 대한 정보통지와 더불어 데이터베이스에 저장을 하게 된다. 발생된 고객주문정보(또는 행위정보)는 판매자에게 직접적으로 알릴 수 없다. 그러므로 고객주문정보는 하드웨어를 제어할 수 있는 애플리케이션과 결합된 에이전트(ECBA)에 전달된다.

ECBA는 주문정보의 도착 순서대로 정보를 대기시켜 놓고 사전에 정의된 통지방법(예를 들어 스피커를 이용한 음성통보)으로 고객의 주문정보를 통지한다. 판매자는 ECBA에 의해서 제공된 정보를 바탕으로 커뮤니케이션을 할 수 있는데 이때에는 CRES4ECS에서 제공하는 VoIP 또는 화상채팅, 인스턴스 메시지 등 여러 가지 도구를 지원하여 고객과의 즉각적이고 적시적인 커뮤니케이션과 정보제공이 이루어지고 응대를 할 수 있다. 적극적인 응대과정에서 발생되는 고객과 판매자 간의 커뮤니케이션은 제2장과 제3장에서 제시한 여러 선행 연구에 의한 결과와 주장과 같이 긍정적인 고객반응에 영향을 줄 것이다.

2) 고객반응유도시스템의 프로토타입 모델 구현

제안모델의 프로타입 모델 개발을 위해 개발환경으로 윈도우 2000

에서, JBuilder7을 이용하여 판매자 측 실시간협상지원 프로그램과 실시간 정보제공에이전트(ECBA)를 〈표 3-7〉에 제시된 환경으로 구현하였다. 나모웹에디터 5.0을 통해서 (그림 3-15)와 (그림 3-16) 같은 고객 측의 실시간 협상 인터페이스를 디자인하였다.

〈표 3-7〉 고객반응유도모델의 구현과 실험환경

구 분	주요 도구 및 환경
개발환경	-OS : 윈도우 2000 서버 -개발언어 : J2SDK1.4.1 -개발도구 : JBuilder 7, Eclipse2.1, Ant1.5, 나모웹에디터5, ALFTP2.01, SecureCRT3.3, SQLGate for MySQL2.35 -DBMS : MySQL3.23
실험환경	☐ Server 운영환경 -OS : WOW Linux 7.2 Paran Release -Web Server : Apache Web Server 2 -JSP Engine : Jakarta Tomcat 4 -DBMS : MySQL3.23 -JDBC Driver : org.gjt.mm.mysql ☐ Client 운영환경 : 윈도우 2000 서버, 윈도우 ME, 인터넷 익스플로어 6.0

머천트 서버의 웹 애플리케이션 구현을 위해 Eclipse2.1과 Ant1.5를 이용하여 상품의 등록과 주문확인 등 전자상거래기능을 JSP방식으로 구현하였다. 실험환경은 와우 리눅스(WOW LINUX 7.2 Paran Release) 운영체제에 데이터베이스 서버로 안정버전인 MySQL 3.23을 사용하였다. JDBC Driver는 org.gjt.mm.mysql를 사용하였으며, 웹 애플리케이션 서버로는 Jakarta Tomcat4를 사용하고 웹서버로는 Apache2를 사용하였다.

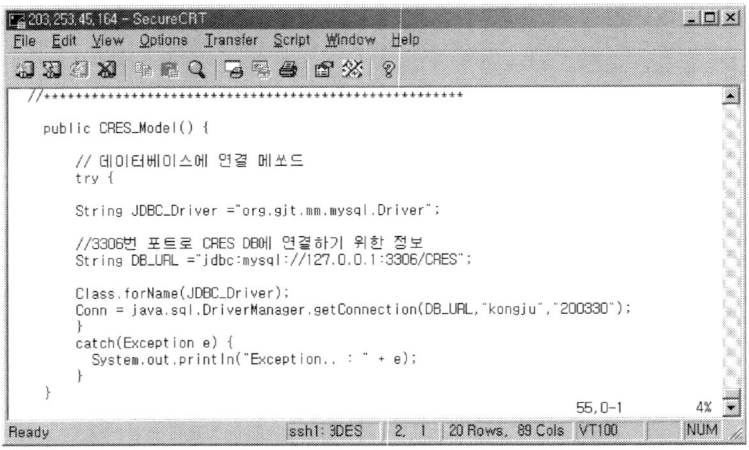

203.253.45.164 - SecureCRT
File Edit View Options Transfer Script Window Help
//**
public CRES_Model() {
// 데이터베이스에 연결 메쏘드
try {
String JDBC_Driver ="org.gjt.mm.mysql.Driver";
//3306번 포트로 CRES DB에 연결하기 위한 정보
String DB_URL ="jdbc:mysql://127.0.0.1:3306/CRES";
Class.forName(JDBC_Driver);
Conn = java.sql.DriverManager.getConnection(DB_URL,"kongju","200330");
}
catch(Exception e) {
System.out.println("Exception.. : " + e);
}
}
55,0-1
4%
Ready
ssh1: 3DES
2, 1
20 Rows, 89 Cols
VT100
NUM

(그림 3-13) 전자상거래 시스템의 데이터베이스 연결과 다양한 메소드-1

고객은 제공되는 상품카탈로그를 보고 판매자와의 인터뷰를 희망하면(인터뷰 버튼 클릭), 고객의사의 제공을 담당하는 에이전트(ECBA)가 활성화되고, 에이전트는 고객이 보고 있는 상품의 ID정보와 기타 고객의 연락정보 등을 종합하여 판매자에게 알려준다. 고객의 의사정보를 제공받은 판매자의 인터뷰요청 승인에 따라서 (그림 3-15)와 (그림 3-16)과 같은 고객과 판매자 간의 실시간 협상장치(CRES)가 화면에 오픈 된다.

```
public void setCust_pass(String c_pass) {
    cust_pass = c_pass;
}

public void setCust_name(String c_name) {
    cust_name = c_name;
}

public void setJumin_no(String c_jumin) {
    cust_jumin = c_junim;
}

public void setJob(String c_job) {
    cust_job = c_job;
}

public void setCust_addr(String c_address) {
    cust_address = c_address;
}
```

(그림 3-14) 전자상거래 시스템의 데이터베이스 연결과 다양한 메소드-2

고객반응 기법이 적용된 전자상거래 서버에 윈도우 2000과 윈도우 ME 등 이 기종의 컴퓨터에서 IE 웹 브라우저를 통해 상품 카탈로그를 보면서 인터뷰 요청을 해 보았다.

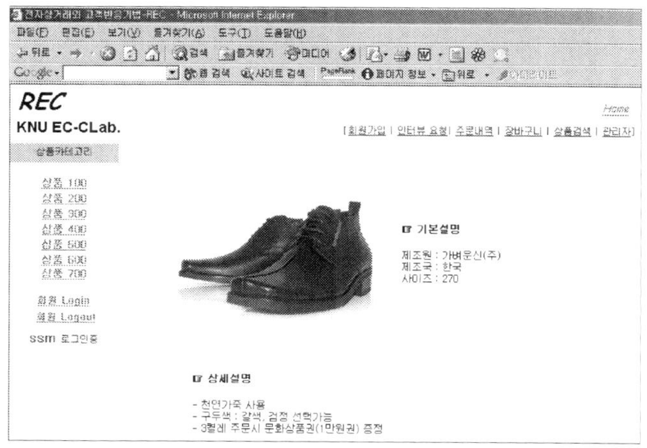

(그림 3-15) 제안모델을 적용한 머천트 서버(REC)와 CRES화면-1

이것은 고객이 제품에 대한 구체적인 관심사와 판매자와의 실시간 대화를 요청하는 것을 실험한 것이다. 요청버튼은 ECBA 에이전트를 호출하고, 고객의 신원정보와 현재 위치 그리고 제품에 대한 정보를 추출하여 판매자에게 제공한다. 에이전트 기술은 본 연구의 선행 연구에 의한 결과로 개발된 기술을 접목하였다.

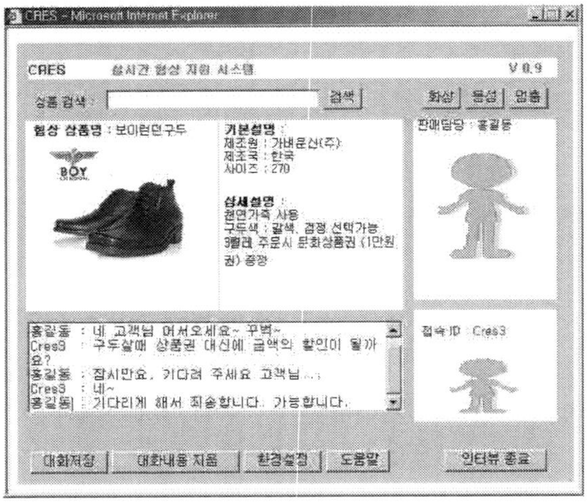

(그림 3-16) 제안모델을 적용한 머천트 서버(REC)와
CRES화면-2

고객이 요청한 사항을 판매자가 승인하면 고객과 판매자의 커뮤니케이션 인터페이스 CRES 프로세스가 실행되고, 판매자와 고객은 채팅 등의 매체를 통해서 실시간으로 의사소통을 할 수 있다. 이로써 제공된 고객정보를 바탕으로 판매자는 고객과 실시간적인 커뮤니케이션을 진행시킬 수 있음을 확인하였다. (그림 3-13)은 전자상거래 머천트 서버의 핵심 소스 중 일부분으로 MySQL 데이터베이스에 3306번의 포트번호로 접속하는 소스를 보여주고 있으며, (그림 3-14)는 데

이터베이스 연결에 따르는 다양한 메소드를 보여주고 있다.

　현존하는 인공지능 기술로는 아직까지 인간능력과 비슷하거나 같은 지능을 가진 프로그램을 개발하기가 사실상 어렵다. 그러므로 본 연구에서 제안하는 모델은 판매자와 고객 간의 실시간 연결과 이를 기반으로 한 다양한 협상 등을 기계적이 아닌 인간이 수행하도록 하는 모델로서, 본 연구에서 제안하는 모델은 하이브리드 형태의 모델로 이해될 수 있다.

3. 전자상거래 고객반응유도모델의 영향

1) 전자상거래 고객반응유도모델의 기대성과

　U-Commerce(Ubiquitous Commerce) 등 새로운 개념이 속속 등장하고 있다. 선진국을 비롯한 수많은 국가들은 전자상거래 부문의 정책에 매우 많은 관심을 보이고 있다. 국가 간의 교역뿐만 아니라 국가의 산업경쟁력을 강화하고 있는 방안으로써 전자상거래는 매우 효율적인 수단으로 인정받고 있으며 그 효과가 우후죽순처럼 나타나고 있는 실정이다. 전자상거래를 가능케 하기 위해서 기본적으로 필요한 환경요소로 공급자와 소비자, 판매자, 머천트 서버, 상품 또는 서비스, 관련 법률, 에이전트 기술, SCM, CRM, Logistics, ERP 등이 있는데 이러한 여러 가지 요소들이 저마다의 기능을 충실히 발휘할 때 전자상거래의 근본적인 목표가 달성될 수 있을 것이다. 현재 일부에서 논의되고 있는 전자상거래는 간과한 사항이 있다.

　본 연구가 지향하는 '고객응대 및 정보제공 체계'가 그것이다. 전자상거래에 대해 혹자는 그 개념을 전통적 상거래가 지원하지 못하는 부분의 틈새시장 모델로 정의하는 것을 쉽게 볼 수 있다. 전자상거래는 전통적 상거래의 단순한 틈새 모델이 아니라 상거래 개념을 전자적 수단 또는 방법을 이용하여 구현하는 새로운 개념인 것이다. 전자상거래는 전통적 상거래에서 가능한 다양한 방법을 구사할 수 있다. 그렇기 때문에 전통적 상거래와 견주어 독특한 특징이 많다. 전자상거래는 전통적 상거래에 대한 상대적 장점을 강화할 수 있는 방향으로 나아가야 한다. 전통적 상거래에서 가능한 다양한 방법을 적용하는 노력을 아끼지 말아야 하는 동시에 상대적인 장점을 강화해 나간다면 전자상거래의 성공적인 비즈니스를 달성할 수 있을 것이다. 그래서 전자상거래를 단순한 전통적 상거래의 틈새 모델로 간주되어서는 아니 되는 것이다.

인터넷을 기반으로 하는 비즈니스에서 고객관계관리가 유행하여 전자상거래와 관련한 분야에서 지대한 관심을 받아 신드롬을 일으켰다. 전자상거래에서의 고객관계관리는 기존의 고객데이터를 기반으로 새로운 우수고객(단골고객)을 찾는 분야에 초점이 맞추어져 있다. 결국, 그 자체로는 고객응대 및 정보제공 체계를 구축하거나 전담하여 운영하거나 또는 효율을 기대하기가 어려운 상황이다.

이러한 전자상거래 환경에서 고객을 전담 관리하는 전자상거래 주요 도구는 CRM 기법을 적용한 CRMS(Customer Relationship Management System)이다. 이것은 기존의 고객에 대한 특정한 패턴을 찾거나 고객의 주요 정보를 통해서 의미 있는 제3의 정보를 찾아 그것을 토대로 Target Marketing을 하기 위한 것으로 고객에 대한 실질적인 서비스를 제공하거나 고객에 대한 응대를 바탕으로 고객을 위한 정책을 수용하고 실시하기에는 한계로 작용하고 있다. 상거래 성공 요인의 중요한 요소 중 하나는 적절한 '고객응대 및 정보제공'이다. 고객의 상품에 대한 주문정보를 전자우편으로 요약하고 통보해 주는 것은 '고객응대 및 정보제공' 체계 중 하나이다. 이러한 고객응대 및 정보제공 체계로는 실세계의 고객응대 및 정보제공 체계와 상이하여 전자상거래가 전통적 상거래로 다가가기에는 한계가 있으며 발전에도 걸림돌로 작용한다고 분석된다.

전자상거래는 가격할인 등에 따라 매우 빈번한 고객의 이동이 있으며 더 우수한 품질의 제품과 낮은 가격대의 상품을 찾기 위해 소비자가 하이퍼텍스트에 기반을 둔 웹사이트로 이동하거나, 이를 지원하는 지능형 에이전트(Intelligent Agent) 기법의 상품비교검색용 로봇 검색엔진(Robot Search Engine)도 등장하고 있다. 전통적 상거래의 장점 중 하나인 면대면 거래에 의한 친밀감과 고객을 위한 즉각적 응대체계를 전자상거래 환경에 결부시켜 나가야만 현 전자상거래가 더욱 발전할 수 있다. 전자상거래 관련 인프라가 단순한 전자우편의 방법이 아닌 VoIP 등 커뮤니케이션 풍부성을 지원하는 체계로 전환되는 시점에서 고객에 대한 보다 적극적인 서비스 정책을 능동적으로 수행할 수 있을 것이다.

(그림 2-21)의 U.S. ECR 모형은 소비자와 공급자 간 관계에서 좀 더 품질이 좋고, 더 다양하며, 더 낮은 서비스와 낮은 가격, 짧은 시간, 낮은 혼잡성 등을 소비자에게 제공하여 효과적인 소비자 응대를 유도하는 체계를 구축하기 위한 모델이다. SCM과 ECR 그리고 (그림 2-22)의 QR 등이 가지고 있는 의미는 전자상거래를 운영하거나 연구하고 있는 기업가에게 있어 공급자를 위한 지원 솔루션을 넘어 고객 만족을 위한 신속한 솔루션으로서의 시사하는 바가 크다. 현재도 고객의 수준 높은 요구를 수용하기 위해 일부에서 다양한 전자상거래의 지원기술 개발 및 연구노력이 거듭되고 있다. 본 연구주제도 상기에 언급된 연구노력의 일부로서, 전자상거래에 제기된 문제해결방안으로서 기술의 다양성과 변화의 흐름을 예의주시하고 차세대 전자상거래에 적용할 수 있는 적극적인 고객서비스를 제공하기 위한 배경 이

론과 기술적 토대의 환경을 목표로 하고 있다.

U-Commerce는 유비쿼터스 컴퓨팅 기술, 브로드밴드와 무선통신기술, 휴대 및 착용 가능한 단말장치, RTOS, PML(Physical Markup Language) 기술 등이 통합되어 쇼핑과 매장관리, SCM, CRM, 제조공정관리, 물류, 교통, 의료, 정보서비스 등 다양한 분야에 응용된 새로운 비즈니스 체계[최남희(2002), 하성욱(2002)]로써 선진국을 비롯한 각국들이 기술과 입지를 확보하기 위해 앞 다투어 경쟁을 벌이는 분야이다.

본 연구가 가지는 기대적인 성과의 측면을 정리하면 〈표 3-7〉과 같이 5가지의 성과가 기대된다. 이러한 기대성과는 본 연구의 위치가 차세대 전자상거래를 대비하기 위한 선행 연구로서의 의미를 지니는 배경에 근거한 것이다.

〈표 3-8〉 전자상거래 고객반응유도모델 실증 연구의 기대성과

구 분	연구의 기대성과
첫 째	전자상거래 고객반응유도모델은 세계적으로도 미개척 분야이며, 전자상거래 패턴에 새로운 반응을 불러올 수 있는 등 적극적인 고객만족을 유도하여 긍정적인 고객반응을 이끌어 내는 효과가 있을 것이다.
둘 째	본 연구 "전자상거래 고객반응유도모델의 실증 연구"는 고객반응유도모델에서 핵심원리인 고객응대와 정보제공에 있어서 즉각성과 적시성이란 차원에 대한 규명을 함으로써 전자상거래 관련업계의 활성화에 기여할 것이다.
셋 째	본 연구를 통해 전자상거래 발전의 저해 원인 중 하나인 실시간 고객응대 및 정보제공 체계에 대한 학계 및 관련업계의 인식을 제고하는 계기가 될 것이다.
넷 째	본 연구는 차세대 전자상거래(C-Commerce, U-Commerce 등)모델에 적합한 탐색적 연구로서 고객응대 및 정보제공 알고리즘 및 신규 논리개발에서 그 의미와 동 분야와 관련한 파생연구가 발생할 수 있어 차세대 전자상거래를 연구하는 데 긍정적인 측면을 가져다줄 수 있을 것이다.
다섯째	경제, 경영, 컴퓨터, 산업공학 등 다양한 학문적 배경을 기반으로 연구되어지는 고객응대 및 정보제공 체계의 이슈를 하나로 통합하여 전자상거래학을 구성하는 요소학문으로서 학문적 근간을 세우는 연구가 필요한 상황에서 주요한 지침적 연구로 활용될 수 있을 것이다.

2) 전자상거래 고객반응유도모델의 파급효과

(1) 관련 연구 분야에 대한 영향

본 연구가 지향하는 바와 같이 전자상거래의 주요 구성 요소로서 고객응대 및 정보제공 체계가 연구되고 그 결과가 발표된 것은 거의 없다. 그나마 Kenneth C. Laudon과 Carol Guercio Traver가 전자상거래 시스템을 구현(구축)하기 위한 주요 요소로서 고객접점에 위치하여 작동하는 고객응대 및 정보제공시스템에 대해 (그림 2-7)과 같이 효과적인 고객응대시스템만을 언급하고 있을 뿐이다.

본 연구와 관련된 학문 분야로 경영학 분야의 마케팅과 관련한 고객관계관리(CRM)와 산업공학의 효율적인 소비자 응대(ECR), QR(Quick Response), 컴퓨터학 분야의 지능형에이전트(Intelligent Agent) 기법을 이용한 eCRM 등이 있다.

〈표 3-9〉 본 연구과제에 의한 파생연구과제 목록

번 호	파생되는 연구주제 목록
1	전자상거래 고객반응유도모델에 따른 세부이론과 관련한 기술 개발 연구
2	차세대 전자상거래 모델에 적합한 서비스 케이스(Case)별 고객응대 및 정보제공의 알고리즘과 관련기술 개발 연구
3	공간적 특성과 고객의 욕구에 기초한 모바일 전자상거래 환경에서의 고객반응 기법을 적용한 시스템 개발 연구
4	3D 가상현실 기법과 아바타 기법적용의 CREM 전자상거래 신모델 개발 연구
5	상품 분류 기법에 의한 CREM 모델의 전자상거래 적용과 분석 연구
6	전자상거래 환경에서 기업의 고객응대 및 정보제공 체계의 도입 전후모델 간의 차이 연구

ECR은 1993년 미국에서 제안되어 미국과 유럽, 캐나다, 호주, 독일 등을 위시하여 주요 선진국이 앞을 다투어 관련 제도를 정비하고 각종 솔루션을 제공하고 세부 방법론을 제공하고 있는 실정이지만 전자상거래라는 관점과 결부시켜 보면 상당한 거리가 있음을 알 수 있다. 또한 CRM은 80 : 20의 법칙에 근거하여 각종 솔루션이 출시되고 있으며 새로운 연구가 발표되고 있지만, 기본적인 룰을 벗어나지는 않는 상황임을 알 수 있다. 이렇듯 본 연구에서 제안하는 과제와 관련한 요소학문들이 저마다의 상위의 학문을 바탕으로 하고 있기에 통합 학문적(경영학＋컴퓨터학＋산업공학) 성격이 강한 전자상거래의 측면에서 바라본 고객응대 및 정보제공 체계의 연구동향은 미미하다고 사료된다.

이에 따라 본 연구가 지향하고 있는 분야에 대한 성과의 제고를 위해 다양한 학문을 아우르는 학제적 관점에서 전자상거래 고객응대 및 정보제공 체계의 연구가 시급히 이루어져야 한다. 이런 의미에서 본 연구가 가지는 의미는 다음의 〈표 3-7〉에서 제시하는 바와 같은 파생연구 분야가 발생되어 연구적 의미가 크다고 사료된다.

㉠ 전자상거래 고객반응유도모델에 따른 세부이론과 관련한 기술 개발 연구

-각 학문 영역에 걸쳐서 독자적인 연구 형태를 보이고 있는 고객응대 및 정보제공에 관련된 현재의 연구 현황을 전자상거래라는 관점에서 출발하여 독창적이고 새로운 모델로 고객응대 및 정보제공 체계의 세부이론을 연구한다. 또한 동 이론에 준한 관련기술을 개발하고, 전자상거래에서의 고객응대 및 정보제공 체계가 실세계와 가상 세계의 연결 관계를 어떻게 더욱 강하게 연결시켜 줄 수 있는지를 규명하며, 고객의 각종 요구에 대한 판매자의 응대방법과 태도를 종합적으로

규명하여 새로운 전자상거래 모델을 개발하기 위한 연구를 진행할 수 있다.

　ⓛ 차세대 전자상거래 모델에 적합한 서비스 케이스(Case)별 고객
　　응대 및 정보제공의 알고리즘과 관련기술 개발 연구

　-공간, 사물, 사람을 하나로 이어주는 유비쿼터스 컴퓨팅과 그에 기반을 둔 U-Commerce는 기존의 전자상거래 모델과는 매우 다르다. 고객의 욕구를 파악하고 신속한 응대를 해야 하며 그것이 실세계와 자연스럽게 매치되어야 한다. 이에 따라서 유비쿼터스 컴퓨팅 이론에 적합한 U-Commerce 모델을 위해 고객응대 및 정보제공의 적합한 기술과 서비스를 개발해야 한다.

　ⓒ 공간적 특성과 고객의 욕구에 기초한 모바일 전자상거래 환경에
　　서의 고객반응 기법을 적용한 시스템 개발 연구

　-가상의 공간, 즉 사이버 세계는 실세계와 동떨어져 있기 때문에 나름대로의 장점은 있지만 신뢰성 측면에서 약점을 지니기도 한다. 현재도 인터넷의 급격한 발전과 전개에 따라서 인터넷 중독, 인터넷 범죄 등 현실 세계와 사이버 세계를 구별하지 못하고 그대로 실행에 옮겨 많은 사람들과 당사자의 인생에도 적지 않은 피해를 입히고 있다. 이러한 사이버 세계의 혼돈을 방지하기 위한 차원에서 가상 세계와 현실 세계가 하나라는 개념을 접목한 신전자상거래 모델, 즉 유비쿼터스 컴퓨팅으로의 전환에 앞서 모바일 전자상거래와 접목한 새로운 전자상거래 서비스 모델을 개발할 수 있을 것이다.

㉣ 3D 가상현실 기법과 아바타 기법적용의 CREM 전자상거래 신 모델 개발 연구

-3차원 가상현실 기법을 적용한 전자상거래 고객응대 및 정보제공 체계 시뮬레이션을 수행한다. 3차원 가상현실 기법은 그동안 많은 부문에서 연구되어졌고 산업적으로도 많은 이용이 시도되고 있다. 본 연구과제에서는 ㉠~㉢의 연구 결과로 나온 고객응대 및 정보제공의 이론과 3차원의 가상현실 기법과 아바타 모델을 적용한다. 이를 통한 각종 시뮬레이션에서 나타나는 이론적 결과와 실제 적용 사례에서 나타나는 문제점들을 규명하고 이를 극복할 수 있는 대안을 찾아낸다. 이러한 결과로 본 연구의 성과 및 결과 가치는 더욱 높아질 것이며 이러한 결과는 전자상거래 업체에 기술 이전하고 사회적 이용을 도모하는 데 역량을 집중한다.

㉤ 상품 분류 기법에 의한 CREM 모델의 전자상거래 적용과 분석 연구

-㉣의 세부 연구 항목과 관련이 있는 것으로 고객응대 및 정보제공에 관련된 주요 알고리즘과 논리를 구현하고 이를 적용한 애플리케이션을 개발한다. 이것은 연구 결과의 이론적 배경을 집적한 모델의 기술로 볼 수 있다. 고객응대 및 정보제공 알고리즘을 적용한 애플리케이션은 전자상거래 업체에서 실제 사용할 수 있는 상품화 전 단계로의 애플리케이션을 개발할 수 있다. 이때에는 MVC Architecture(또는 Apache Struts Architecture)와 J2EE 웹 애플리케이션에서 작동하는 EJB 컴포넌트 모델의 적용과 한국형 컴포넌트 소프트웨어 개발 방법론인 마르미-Ⅲ를 적용하여 개발할 수도 있다. 이러한 애플리케이션의 개발은 컴포넌트 애플리케이션으로 나타나게 되며 최근의 EJB, COM+ 모델 등 컴포넌트 개발 패러다임을 적극 수용한 연구로

준비해 나갈 수 있다.

ⓑ 전자상거래 환경에서 기업의 고객응대 및 정보제공 체계의 도입
  전후모델 간의 차이 연구

－본 연구에 의한 세부 연구의 결과로 이를 실제 적용하거나, 시뮬
레이션 기법을 적용한 실험을 통해 고객응대 및 정보제공 체계의 효
율성이 어느 정도인지 수치적으로 규명하는 연구를 수행한다. 이것은
보다 긴요한 산업적 파급효과를 대비한 준비로서 기존 전자상거래 업
체들의 입장에서 다양한 이론적 제시는 체감할 수 없는 상황으로 이
해될 수 있으므로, 우수 사례를 만들거나 차이점을 수치적으로 규명할
수 있는 모델을 연구하여, 본 연구과제의 효율성을 뒷받침해 준다.

전자상거래 환경에서 기업의 고객응대 및 정보제공 체계의 도입 전
후모델 간의 차이 연구는 본 연구과제에 의한 결과가 산업에 적용시
킬 경우 어떠한 효과를 안겨주며 이를 위해 기업을 비롯한 전자상거
래 업체에서는 어떠한 응대를 해야 하는지 등을 제시할 수 있는 세부
적인 사항들을 도출해 낸다. 결국, 본 연구는 산업과 긴요한 관계를
맺고 있으며 이러한 관계를 통해서 시너지효과를 극대화시킬 수 있는
모델로 이해할 수 있다.

(2) 전자상거래 업체에 대한 영향

현 전자상거래 운영 형태는 고객반응유도모델에 의한 실시간의 응
대 및 정보제공에 대한 체계적인 개념의 정리나 명확한 정책의 수립
이 없이 단순하게 인터넷을 기반으로 하는 전자상거래에 상품정보를

게재하고 고객을 유인하는 정책을 다양한 광고를 통해 무작위로 펼치고 있다. 이러한 기업들의 경영정책으로 인해 소비자들을 웹 사이트로 불러 모았지만, 정작 중요한 고객만족을 위한 즉각적인 응대와 적시적인 정보제공 체계의 수립은 세워 놓지 않아 많은 고객과 소비자들의 불만을 자아내고 있으며 관련 연구의 시작을 잉태하게 되었다.[서순모(2002), 박철 외(2003), 김성아 외(2003)] 본 연구는 관련기법이 전자상거래뿐만 아니라 고객서비스를 제공하기 위한 분야에서는 응용하여 사용할 수 있다.

예를 들어 공공기관과 행정기관의 민원정보 시스템에 적용할 수 있으며, 의료정보 시스템, 사이버 교육 등등의 모델에도 응용할 수 있다. 본 연구에서 제안한 고객반응유도모델과 그 이론적 배경은 기존에 전자상거래를 도입 운영하고 있는 기업 또는 도입 예정에 있는 기업들과 각종 조직단위에게 기업과 조직의 신뢰성을 더욱 강화시키는 효과를 안겨 줄 것이다. 또한 기존의 ECR과 QR, CRM Intelligent Agent기법 등 의미는 조금씩 상이하지만 각 주제가 목적하는 공통 요소들의 장점을 그대로 수용하여 연구하고 그 결과를 제공함으로써 본 연구 결과를 산업 분야에 적용할 때 그 가치와 성과는 매우 높을 것이라 분석된다.

뿐만 아니라 정경수 외(2001), 박철 외(2003), 김성아 외(2003)가 주장한 내용과도 일정부분 일치하는 것이어서 그 신빙성은 크다고 할 수 있다. 일예로 1990년대 후반 인터넷을 이용하는 전자상거래 분야에 고객관계관리 기법은 이미 사회에 널리 알려진 기법임에도 불구하고 그 체계를 분석하고 일목요연하게 정리하여 그에 대한 솔루션을 NCR, Oracle, Sibel 등 세계적인 기업을 위시하여 여러 기업들이 출시하자 그 수요와 호응은 가히 폭발적이었으며 당시로선 새롭다는 개념이 불과 몇 년 지나지 않아 이제는 전자상거래의 주요한 핵심 요소로 자리

잡는 성과를 이룩하였다. 각 국가별 전자상거래 관련 성장 규모를 보더라도 매우 가파른 성장세를 파악할 수 있으며 이에 따라 전자상거래 관련한 종합적인 연구와 더불어 핵심 분야의 연구 및 응용 분야의 연구는 매우 시급하다고 분석된다. 이에 따라 본 연구는 이러한 관련 동향의 분석과 시기적인 배경을 토대로 하여 추진된 것이기 때문에 연구가 가지는 자체적인 의미가 깊다고 사료된다.

3) 전자상거래 고객반응유도모델과 고객만족의 관계

서순모 외(2003)는 고객반응유도모델을 통해 기존의 전자상거래 환경에서 전자우편 등을 이용한 단순 정보제공 서비스의 한계를 벗고 면대면의 장점을 수용한 새로운 방법의 적용을 주장하였다. 전자상거래 고객만족을 위해서 커뮤니케이션의 풍부성과 정보시스템 정보속성의 시간적 측면 연구, 그리고 고객접점에서의 고객반응 연구 등의 분석을 통해 즉각성과 적시성의 속성을 도출해 냈다. 전자상거래 고객반응유도모델의 핵심 요인에 대한 연구모형은 본 연구주제와 흡사한 타 연구자의 사전 연구가 없었을 뿐더러 참고할 만한 모형이 매우 적었다. 특히 즉각성의 속성은 본 연구자가 문헌 연구와 선행 연구 등을 통해서 독자적인 모형과 가설을 설정하여 제시하였다. 본 연구는 여러 선행 연구와 문헌 연구를 토대로 전자상거래 고객반응유도모델이 고객만족에 영향을 미칠 것이라는 가설과 관계를 설정하여 (그림 3-17)처럼 제시하였다.

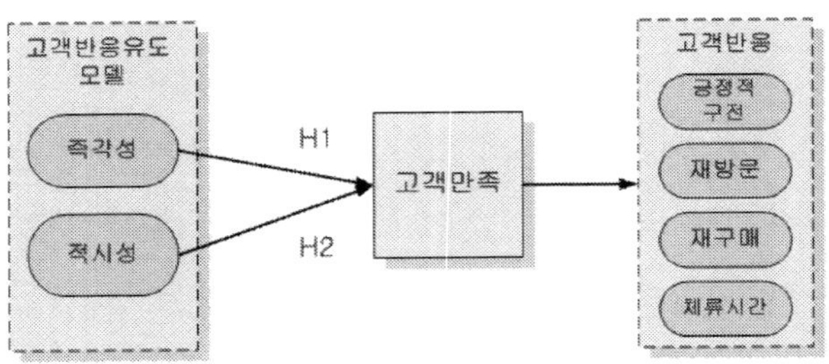

(그림 3-17) 전자상거래 고객반응유도모델에 대한
연구의 기본 모형

본 연구모형은 고객반응유도모델의 즉각성과 적시성이 고객만족에 영향을 미칠 것이라는 것이며 그 결과로 인해 여러 학자들이 그동안 연구한 결과대로 고객만족이 긍정적 구전, 재방문, 재구매, 즉시구매, 체류시간의 증가 등의 긍정적인 고객반응으로 이어진다는 내용이다. (그림 3-17)에서 제시한 전자상거래 고객반응유도모델은 전자상거래 기업에게 있어 고객을 위한 다양한 서비스 환경을 제공해 주어 고객 반응을 유도하기 위한 전자상거래 신모델이다.

Ⅳ. 연구의 설계

본 장에서는 제2장과 제3장에서 전자상거래 고객반응유도모델을 위한 제반 이론의 고찰을 바탕으로 본 연구의 모형을 도출하고 연구가설을 설정하여 그 내용을 기술한다.

1. 연구모형과 가설설정

1) 연구모형

본 연구의 연구모형은 제2장과 제3장에서 전자상거래 고객반응유도모델에 관한 이론적 고찰을 토대로 구성되어졌다. 고객만족과 서비스접점, 서비스 품질 그리고 고객반응에서는 적극적인 고객대응과 서비스의 제공이 고객만족을 실현시킬 수 있다고 하였다.[김희탁 외(2000), 최동궁 외(2000)]

전자상거래 환경에서도 고객만족을 위한 상호 작용적 관점의 연구가 실시돼야 한다고 주장한 연구도 있었다.[정경수 외(2001), 박준철 외(2002), 이정섭 외(2003)] 전자상거래 환경에서 고객만족과 고객의 신뢰를 위한 적극적인 응대를 위해서는 고객접촉점의 설치[박철 외(2003), 김성아 외(2003)]와 상호 작용 시스템의 확충[조성의 외(2002), 장활식 외(2002)] 등의 주장이 있었다. 커뮤니케이션 방법에서 ICT(Information Communication Technology)를 이용한 모델에서는 비디오 폰이나, 전화 등의 방법이 전자우편이나, 문자채팅 등의 방법보다 훨씬 커뮤니케이션 풍부성이 높았으며 그보다는 면대면 접촉에서의 커뮤니케이션이 가장 높은 커뮤니케이션 풍부성과 감성적인 지능형 인터페이스라고 하였다. [Bergeron(2001); Richard J. Varey(2002); Cockburn(2002)]

이종호(1994)는 경영 활동에 있어서 정보기술을 활용하면 적시에, 적절한 정보를 제공하기 때문에 시간적 및 공간적 제약을 극복해 주게 되고 따라서 의사 결정에 관한 영향력이 더욱 확산되는 동시에 의사 결정과 관련된 정보를 더 많이 제공받을 수 있게 되며 특히 의사 결정의 정형화를 촉진하게 된다고 하였다. 뿐만 아니라, 박철 외(2003), 김성아 외(2003) 등은 전자상거래 운영환경에 대해 고객의 요구에 즉각적인 대응을 할 수 있는 고객접촉점의 설치를 주장하였고, 고객서비스를 통한 고객만족을 달성하기 위해서는 조직의 재구성을 통해서 마케팅 담당자, 물류담당자 등의 조직 재구성과 운영 주장하였다.[박철 외(2003), 서순모 외(2003)]

본 연구의 연구모형은 (그림 4-1)과 같다. 고객반응유도모델은 제2장과 제3장에서 살펴본 이론적 배경과 사전 연구에 의한 결과로 전자상거래의 고객만족을 위해서 고객반응유도모델에 대한 연구의 기본모형을 제시하였고 고객반응유도모델에 대한 좀 더 심화된 연구 결과 도출을 위해서 (그림 4-1)의 연구모형을 제시하였다.

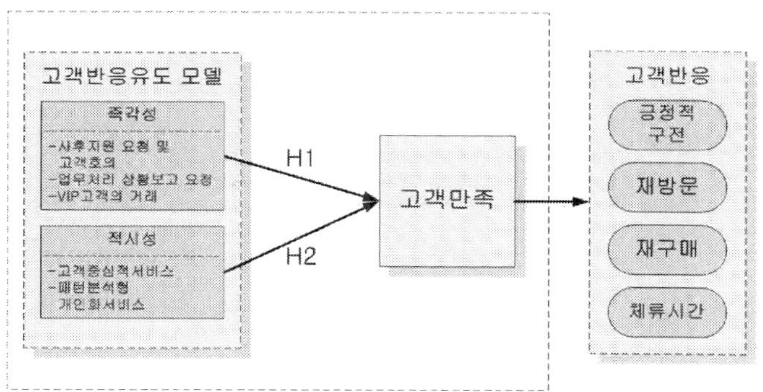

(그림 4-1) 고객반응유도모델에 대한 본 연구의 연구모형

본 연구의 주요한 아이디어는 즉각성과 적시성의 실질적인 서비스 제공에 있어서 구현 가능한 세부적인 요인은 무엇인가와 그것이 고객만족에 영향을 미치는가에 있다. 사전분석 결과 사후지원 요청 및 고객호의 업무처리 상황보고 요청, VIP고객의 거래는 즉각성의 속성에 대한 세부 요인으로 나타났고, 고객 중심적 서비스와 패턴분석형 개인화 서비스는 적시성의 속성에 대한 세부 요인으로 나타났다. 즉 이와 같은 5개의 요인이 고객만족에 영향을 미칠 수 있는가에 대한 실증 연구를 통해 고객반응유도모델에 대한 타당성을 검증하고자 한다.

2) 연구가설

현재, CRM과 CTI를 사용하는 콜센터, 그리고 SCM, ECR, CR 등 전자상거래 지원 시스템 분야에서는 고객에 대한 응대개념을 시간차원에서 신속한 응대, 즉각적 응대, 적시적 응대 등의 표현을 사용하고 있으며, 마케팅 관련 연구논문에서는 신속한 응대, 적시적 응대 등의 표현을 사용하고 있다. 또한 정보시스템에 관한 연구에서도 적시성과 신속성에 대한 연구를 사용하고 있어서, 전자상거래의 특징에 따라 경영학적 개념과 공학적 개념을 동시에 사용하는 환경에서 이에 대한 구분이 필요하다. 본 연구의 기본 연구가설은 2가지로 구분된다. 고객반응유도모델의 즉각성과 적시성이다. 고객반응유도모델의 성격과 특징을 결정짓는 즉각성과 적시성은 고객만족에 대해 유의한 영향을 미칠 것이며, 그에 따른 고객만족은 여러 선행 연구들에 의한 결과에 따라 고객반응에 영향을 미칠 것이라는 연결 관계를 세운다. 그러나 본 연구에서는 고객반응유도모델과 고객만족 간의 관계에 대해서만 실증분석을 실시하며, 고객만족과 고객반응 간의 관계는 기존의 여러 연구결과, 즉 고객만족은 고객반응에 영향을 미친다는 결과를 따르기로 한다. 이에 따라 2개의 연구가설을 제시하면 다음과 같다.

- **가설 1** : 고객반응유도모델의 즉각성 변수는 고객만족에 정(+)의 영향을 미칠 것이다.
- ·**가설 1-1** : 고객반응유도모델의 즉각성 변수에서 고객의 사후지원 요청 및 고객호의에 대한 응대는 고객만족에 정(+)의 영향을 미칠 것이다.
- ·**가설 1-2** : 고객반응유도모델의 즉각성 변수에서 고객의 업무처리 상황보고 요청에 대한 응대는 고객만족에 정(+)의 영향을 미칠 것이다.
- ·**가설 1-3** : 고객반응유도모델의 즉각성 변수에서 VIP고객의 거래에 대한 응대는 고객만족에 정(+)의 영향을 미칠 것이다.

고객응대에 대한 즉각성 요인은 Parker & Case(1991); 이종호 (1994)가 정보의 속성에서 즉각적인 반영이란 개념으로 해석하여 정보시스템에 대한 정보의 속성을 설명하였다. 또한 하성욱(2002)은 유비쿼터스 마케팅에서 고객행동 등에 대한 즉각적인 피드백을 주장하였으며, 박철 외(2003)와 서순모 외(2002, 2003)는 전자상거래 환경에서 고객에 대한 정보제공과 응대에 대한 차원에서 시간에 따른 즉각적 반응환경에 대해서 역설하였다.

그리고 즉각적 응대에 대한 개념은 특히, 공학 분야에서 빈번한 사용을 보이는데, SCM과 ECR 그리고 CR에서는 고객의 응대에 즉각적으로 반응할 수 있다는 표현을 사용[한국 SCM민관합동추진위원회, EAN Korea]하고 있으며, CRM에서도 고객응대에 대한 즉각적 응대라는 용어를 사용하고 있어, 본 가설설정에서는 고객반응유도모델의 고객응대와 정보제공이 고객의 상황과 시간을 고려하지 않고 발생되는 속성, 즉 즉각성을 설정한다. 이에 따라 본 가설은 고객반응유도모델의 즉각적인 정보제공과 고객응대(즉각성)는 고객만족에 정(+)의 영향을 끼칠 것인가를 규명하고자 한다.

- **● 가설 2** : 고객반응유도모델의 적시성 변수는 고객만족에 정(+)의 영향을 미칠 것이다.
  - **· 가설 2-1** : 고객반응유도모델의 적시성 변수에서 고객 중심적 서비스는 고객만족에 정(+)의 영향을 미칠 것이다.
  - **· 가설 2-2** : 고객반응유도모델의 적시성 변수에서 패턴분석형 개인화 서비스는 고객만족에 정(+)의 영향을 미칠 것이다.

가설 2-1에서 고객 중심적 서비스는 조건제시형 상황보고요청, 사후지원서비스를 포함하는 개념을 표현한 것이다. 고객응대에 대한 적시성 요인은 이재범(1990), O'Brien(1991), Senn(1992), 곽수일(1993), 이종호(1994)가 정보의 속성에서 적절한 시점에 정보 제공이란 개념을 주장하여 정보시스템에 대한 정보의 속성을 설명하였다. 또한 박철 외(2003)와 서순모 외(2002, 2003)는 전자상거래 환경에서 고객에 대한 정보제공과 응대의 차원에서 시간에 따른 적시적인 환경에 대해서 주장하였다. 이에 따라 본 가설설정에서는 고객반응유도모델의 고객응대와 정보제공이 고객의 상황과 시간을 고려하여 발생되는 속성, 즉 적시성을 설정한다. 〈표 4-1〉은 본 연구가설에 대해 직접적인 언급이나 유사한 이론적 근거를 제시한 연구자에 대해서 요인 간 구분을 나타내었다.

〈표 4-1〉 연구가설의 이론적 근거

구분	고객반응유도모델 관련 속성	이론적 근거 및 연구자
1	즉각적(Immediate)인 고개응대와 정보제공 (빠른 응답성 포함)	Parker & Case(1991); 이종호(1994)
		정경수, 박용재(2001)
		하성욱(2002)
		이민호, 박광태(2002); 박철, 강병구(2003)
		서순모, 이종호, 서인석(2002, 2003)
2	적시적(timely)인 고객응대와 정보제공 (적절한 응답성 포함)	이재범(1990)
		O'Brien(1991)
		Senn(1992)
		곽수일(1993)
		이종호(1994)
		서순모, 이종호, 서인석(2002, 2003)

2. 연구방법

본 절에서는 제1절에서 제시한 연구모형에 따른 가설설정의 실증분석을 위한 각각의 방법과 절차를 제시한다.

1) 설문지 설계

고객반응유도모델은 실질적으로 전자상거래 기업에 대한 적용을 통해 그 당위성과 효과성이 사례를 통해 증명될 수 있다. 그러나 연구의 환경적 제약과 여러 가지 제약사항으로 인해 전자상거래를 이용하는 일반사용자들을 대상으로 설문 조사를 실시하고 그들의 의견을 통해서 본 고객반응유도모델의 가치와 효과에 대한 가능성을 일부분 검증해 볼 수 있을 것이다. 본 설문 조사에서는 제2장과 3장의 이론적 고찰을 통해 고객반응에 대한 속성을 즉각적인 고객응대와 정보제공 그리고 적시적인 고객응대와 정보제공으로 구분하였으며, 2개의 속성에 대한 사항을 문헌적 고찰과 선행 연구 등을 참조하여 즉각성과 적시성의 2가지 변수를 선정하였다.

본 설문 조사는 전자상거래 기업들에 대한 고객만족 서비스와 고객반응을 유도하기 위한 제반 경영 활동에 있어 고객반응유도를 위한 지침을 마련하는 데 목적이 있다.

또한 전자상거래 고객만족 활동에 있어서 기업의 고객에 대한 행동과 서비스 태도는 어떤 방식이 적절한지에 대해서도 조사하는 목적이 있다. 이런 과정을 통해 전자상거래 기업의 서비스 품질의식 제고와 태도에 대한 긍정적인 결과를 얻고자 한다.

2) 설문지의 구성과 내용

(1) 설문지의 구성

전자상거래 고객반응유도모델을 측정하기 위한 척도는 고객만족을 위한 서비스에 대한 개념을 확립하고 이에 대한 경영적 측면과 공학적 측면을 고려하여 각 구성 요인별 항목을 도출하는 과정을 거쳐 개발되었다. 본 연구의 제2장과 3장에 걸친 여러 문헌적 고찰과 학자들의 주장을 바탕으로 설문지를 구성하였다. 설문 내용은 설문 응답자들의 전자상거래에 대한 의식을 파악하기 위해 고안되었으며 크게 6단계로 구성되어 있다.

㉠ 전자상거래 서비스	㉡ 전자상거래의 즉각성
㉢ 전자상거래의 적시성	㉣ 전자상거래의 고객만족
㉤ 전자상거래 모델	㉥ 인구통계학적 사항

제4장 1절 2항에서 기술한 바와 같이 연구가설 설정에 따른 이론적 배경에 본 설문 내용을 개발하였으며, 설문에 대한 세부항목들은 전통적 상거래에서 이루어지는 고객만족에 관한 사항들을 전자상거래 환경에 접목하여 개발하였다.

〈표 4-2〉 설문지 구성

측정변수	질문문항번호	문항 수	척 도
전자상거래 서비스	A1-A5	5	리커트 5점 척도
전자상거래의 즉각성	B1-B10	10	리커트 5점 척도
전자상거래의 적시성	C1-C10	10	리커트 5점 척도
전자상거래의 고객만족	D1-D2	2	리커트 5점 척도
전자상거래 모델	E1-E5	5	리커트 5점 척도
인구통계학적 사항	F1-F5	5	리커트 5점 척도

(2) 설문문항 작성 절차 및 내용

본 설문문항 작성에는 예비 조사 기간에 설문 조사 내용에 대해 수차례에 걸쳐 관련업계 전문가와의 전화인터뷰와 관련 학자들의 자문을 얻어 작성되었다.

전자상거래 고객반응유도모델에 대한 탐색적 특성에 따라 설문을 구성하는 데 있어 일반인들의 전자상거래에 대한 일반적인 개념을 묻기 위한 설문문항을 삽입하였다. 이를 통해서 판매자의 시각과 일반 소비자의 시각을 파악할 수 있을 것이다. 그리고 고객만족유도모델의 2개 변수에 따른 세부 요인들을 파악하기 위하여 구체적인 설문항목을 개발하였다.

본 연구에 대한 설문의 내용 중 전자상거래 서비스에 대한 질문은 전통적 상거래와 전자상거래에 대한 설문응답자의 개념구분을 파악하기 위한 목적으로 개발되었다. 설문 작성에 있어 본 연구와 유사한 선행적 연구가 없어서 설문문항에 대한 타당성을 검증하는 데 많은 어려움이 있었다. 이에 따라 설문의 내용은 일반적으로 널리 알려진 전통적 상거래와 전자상거래의 특징을 원용하여 개발하였다.

설문의 구성에서 고객반응모델의 즉각성과 적시성에 대한 내용은 본 연구의 핵심적인 목표를 가지고 있는 설문문항으로 각 10문항씩의 설문으로 이루어졌으며, 연구모형에 대한 세부 요인별로 핵심 내용을 담았다.

전자상거래의 고객만족에 대한 설문문항은 설문응답자들의 전자상거래의 여러 활동에 대한 만족감을 묻는 질문으로 즉각적인 속성과 적시적인 속성이 직접적으로 고객만족에 영향을 미치는지에 대해 정보제공과 확인에 따른 속도의 개념적 고찰을 배경으로 하여 설문을 개발하였다. 더불어서 전자상거래 모델에 대한 설문은 설문 응답자들의 전자상거래에 대한 일반적인 개념을 묻는 설문이었다. 또한 이 설문항목은 전자상거래의 서비스적인 측면보다는 전자상거래의 모델적 차원에서의 설문으로 본 연구에 대한 발전적 선상에서의 가능성을 타진하기 위한 탐색적 차원의 내용이었다.

마지막으로 인구통계학적인 설문으로서 성별과 전자상거래 사이트 방문 횟수, 서비스 경험, 연령과 학력 등을 묻는 내용으로 구성하였다.

3. 조사의 설계

1) 자료수집방법

(1) 예비 조사

고찰된 이론을 바탕으로 하여 고안된 가설이 현실적인 타당성을 갖는지를 파악하기 위한 실증 분석을 시도하기에 앞서 2차례 걸친 사전조사를 실시하였다. 예비 조사에서는 2003년 9월 15일부터 9월 22일까지 국내 전자상거래기업들을 〈표 4-3〉과 같이 대기업과 중견기업으로 구분하고 각 기업체의 마케팅 담당자와 기획부서 그리고 머천트 서버(Merchant Server)를 관리하고 있는 담당자들에 대한 전화인터뷰를 실시하였다. 〈표 4-3〉에서 제시한 질문 내용을 바탕으로 전화 설문 조사한 결과 신기술 수용에 적극적인 기업, 즉 전자상거래 사이트가 고객서비스 지향적인 경우에 인터뷰에 응하는 태도와 확률이 높았다.

전화인터뷰를 한 대부분의 전자상거래 기업들은 고객서비스에 대한 담당자의 마인드는 없는 것으로 파악됐으며 기업의 경영환경과 전자상거래에 대한 의식수준에 의문이 드는 경우도 있었다. 결과적으로 인터뷰 내용을 종합하면, 현재 국내 전자상거래 기업들의 상당수(대기업 포함)는 고객서비스에 대한 마인드에 대해서 상당히 닫혀 있는 의식을 갖고 있다는 느낌이 인터뷰 조사 결과 파악됐으며, 그중 일부 선도기업(대기업 2개, 중견기업 2개)들은 가격정책(경쟁기업보다 낮은 가격의 제품 확보경쟁)보다는 새로운 경쟁요소를 확충하는 데 관심을 갖고 있다는 점을 파악하게 되었다. 뿐만 아니라, 현 연구주제가 산업체에 적용되기 위해서는 도입비용을 낮추고 시스템화할 수 있는 부분에 대한 연구와 고려가 충실히 이루어져야 하며 검증된 모델일 경우 폭발적인 수요가 잠재되어 있다는 것을 확인하였다.

전자상거래 기업(대기업군)과의 인터뷰과정에서 90년대 하반기에 몇몇 기업들을 위주로 전자상거래에 고객서비스 개념을 적용하기 위한 시도를 했었다는 사실을 일부기업의 중견담당자를 통해 알게 되었다. 그러나 당시의 기술적인 면과 마인드의 부족 그리고 관련 연구의 부족 등에 따라 그 시도를 접을 수밖에 없었고, 근래 들어 가격일변도 정책에 대한 회의론이 대두되고 있어 새로운 경쟁력을 확보하기 위한 수단으로 고객서비스에 대한 관심이 집중되고 있지만 아직까지 그에 관한 솔루션을 확보하지 못했다는 내용이었으며 이러한 여러 정황파악을 통해서 본 연구가 가지는 나름대로의 의미를 확보할 수 있는 계기가 되었다.

<표 4-3> 기업체에 대한 사전예비조사(전화인터뷰)

전자상거래 기업분류	기업명	인터뷰 결과 요약	비 고
대기업	-LG eShop -삼성몰 -인터파크 -CJ몰 -한솔CS클럽	-고객만족을 위한 해결방법을 찾지 못했으며 그런 방법을 찾고 있다. -신모델의 도입은 비용부담이 적어야 한다. -해결방법은 시스템적으로 구현 가능해야 한다. -현 체제에선 제안모델이 회의적이며 도입하기엔 부담이 너무 크다.	고객만족보다는 상품의 저가정책을 통한 기업우위 전략고수
중견기업	-KTCommerce -와와컴 -농수산 eShop -EasyClub -아이코다 -리얼마켓	-현 체제에선 제안모델이 인력 충원에 대한 부담으로 작용할 것이다. -검증된 모델이 아니므로 도입하거나 그에 관한 방법을 연구하기가 어렵다. -검증된 결과라면 일부에 도입의사가 있다. -현 가격정책 위주의 EC문화가 어렵다.	한정적 인력으로 운영되고 있으며, 특화상품, 서비스를 모색
질문 내용	문1) 전통적 상거래에서 시행되는 고객만족을 위한 활동이 전자상거래에서 제공되지 않고 있는 것으로 조사됐는데 그 이유는 무엇인가? 문2) 전자상거래에서는 주로 전자우편을 이용하여 고객응대를 하는데 커뮤니케이션 풍부성이 높은 다른 방법은 왜 사용하지 않는가?		
인터뷰 대상자	-마케팅부서 담당자 -기획부서 담당자 -머천트 서버(Merchant Server) 관리자		
비 고	소기업에 대한 인터뷰는 본 설문 조사에서는 고려하지 않았다.		

또한 인터뷰 조사 결과 기획 담당자와 마케팅 담당자의 답변의 방향이 시스템 관리자의 답변과 상이하다는 것을 파악하게 되었다. 즉 기획과 마케팅 담당자들은 수익성과 도입과 유비보수비용적인 측면에 관심이 있는 반면에 시스템 관리자들은 시스템 도입과 개발, 그리고 유지보수의 편리성 등에 대한 내용 위주의 답변이 많아서 기업 내 각 조직 간 커뮤니케이션과 의사소통구조에 문제점이 있음을 파악할 수 있었다. 다만, 이러한 차이가 객관적인 것보다는 인터뷰 과정에서 받은 주관적인 느낌일 뿐이다. 전자상거래기업에 대한 사전 조사 결과에 따라 설문에서 전자상거래와 전통적 상거래에 대한 개념 조사의 필요성이 대두되었으며, 제안모델에서의 커뮤니케이션과 상호 작용성의 고려가 필수적이며, 본 연구가 가지는 의미에 상당한 당위성이 있음을 분석하였다.

이러한 과정을 바탕으로 1차 설문문항을 만들었다. 전자상거래 활용률이 가장 활발한 20대와 30대의 연령대를 대상으로 이들 세대가 많은 대학생 그룹을 대상으로 하여 약 60명에게 설문 조사를 2003년 9월 24일부터 26일까지 실시하고 수집하여 가분석한 결과 1차 설문문항의 구성에 일부 오류가 있음을 분석하고 이러한 사항들을 수정하고 보완하여 설문지 문항을 최종적으로 완성하였다.

(2) 본 조사 대상 및 표본 선정

본 조사에서는 연구의 목적에 맞게 설계된 설문지를 2003년 9월 30일부터 10월 4일까지 배포하고 설문을 실시하여 153부의 설문 결과를 수집하였다. 설문 조사에는 1차 예비 조사에서와 같이 대학생 그룹을 대상으로 설문을 실시하였다. 현 대학생들은 전자상거래에 대한 두려움이 적고 활발한 사용 활동을 보이고 있는 집단으로 각종 통계 조사 결과가 나와 있다. 또한 20대와 30대는 자신의 의견표출이 활발하고 신기술을 수용하는 능력이 타 세대에 비해 빠르다는 장점이 있다.

수집된 설문 153부 중에 약 8부는 불성실한 답변 태도를 보여 제외되었으며, 그 결과 145부를 본 연구의 표본으로 사용하였다.

2) 분석방법

수집된 자료를 바탕으로 자료의 내적 일관성을 측정하기 위한 신뢰성 분석을 실시하였다. 신뢰성 분석은 크론바흐(Cronbach)의 α 계수 값을 기준으로 하는 신뢰성 유무를 검토하였다. 관측변수에 근거한 요인을 확인하기 위하여 요인 분석을 하였으며 이에 따른 결과를 바탕으로 측정 대상의 타당성을 확인하였다. 피어슨(Pearson) 상관계수 값을 기준으로 각 요인들 간의 상관관계를 분석하였으며, 가설에서 설정된 요인들의 독립변수와 종속변수 간의 관계를 확인하기 위해 단순회귀 분석과 다중회귀 분석을 하였다.

V. 실증 분석 및 가설검증

본 연구에서는 제4장에서 제시한 시스템의 주요한 알고리즘과 설계 내용을 토대로 CREM을 적용한 전자상거래 시스템 모델의 구현과 설문 조사에 의한 실증 분석 내역을 기술한다.

1. 표본자료의 특성

1) 표본자료의 일반적 특성

(1) 전자상거래 서비스에 대한 적응도 분석

전자상거래 서비스에 대한 분석 결과는 다음의 〈표 5-1〉에 나타낸 바와 같다. 기술적 통계 분석 결과 전자상거래에 대한 태도는 평균 이상의 긍정적인 태도를 보이는 것으로 분석됐다.

그러므로 전자상거래에 대한 여러 이론들, 즉 접근성과 정보제공의 다양성 등에 대해서는 상당부분 공감하는 태도를 보였으며, 본 연구가 지향하는 전자상거래에서의 인간미 부분에 대해서는 반수 이상이 인간미가 적다는 의식을 가지고 있어서 상당부분 설문 조사에 대한 표본지정이 주효했음을 파악할 수 있었다.

(2) 인구통계학적 분석

〈표 5-2〉에 나타낸 인구통계학적 분석 결과 남성보다는 여성의 비율이 더 높았으며, 월평균 전자상거래 방문 횟수는 10회 미만이 가장 많았다.

또한 월평균 전자상거래 서비스 경험의 수는 3회 미만이 61.4%로 가장 많았으며 5회 미만이 19.3%로 그 다음을 이루었다. 그리고 20대 대학생층이 96% 이상을 차지하였다.

〈표 5-1〉 전자상거래 서비스에 관한 태도 분석

구 분		표본 수(명)	구성비(%)
이용편의성	매우 아니다	2	1.4
	아니다	13	9.0
	보통이다	34	23.4
	그렇다	82	56.6
	매우 그렇다	14	9.7
접근성	매우 아니다	0	0
	아니다	12	8.3
	보통이다	12	8.3
	그렇다	99	68.3
	매우 그렇다	22	15.2
많은 정보제공	매우 아니다	2	1.4
	아니다	31	21.4
	보통이다	38	26.2
	그렇다	52	35.9
	매우 그렇다	22	15.2
개인화 서비스의 질	매우 아니다	3	2.1
	아니다	18	12.4
	보통이다	54	37.2
	그렇다	61	42.1
	매우 그렇다	9	6.2

구 분		표본 수(명)	구성비(%)
인간미의 여부 (커뮤니케이션 풍부성)	매우 아니다	4	2.8
	아니다	21	14.5
	보통이다	22	15.2
	그렇다	67	46.2
	매우 그렇다	31	21.4

〈표 5-2〉 인구통계학적 분석

구 분		표본 수(명)	구성비(%)
성 별	남	59	40.7
	여	86	59.3
월평균 전자상거래 사이트 방문 수	5회 미만	33	22.8
	10회 미만	54	37.2
	20회 미만	29	20.0
	30회 미만	10	6.9
	30회 이상	19	13.1
월평균 전자상거래 서비스 경험 수	3회 미만	89	61.4
	5회 미만	28	19.3
	7회 미만	10	6.9
	10회 미만	13	9.0
	10회 이상	5	3.4
연 령	10대	2	1.4
	20대	140	96.6
	30대	1	0.7
	40대	2	1.4
	50대	0	0
학 력	고졸	0	0
	대졸(재학)	142	97.9
	대학원졸(재학)	3	2.1
합 계		145	100

2) 신뢰성 및 타당성 분석

(1) 신뢰성 분석

일정한 시간적 간격을 두고 동일한 조건의 측정 대상에 대해 반복적으로 측정하였을 때 각 반복 측정치들 사이의 일관성의 정도, 즉 신뢰성에 대해 측정하는 것이 신뢰성 분석이라고 정의할 수 있다.[최종성, 2001] 신뢰성을 측정하는 방법에는 재측정 신뢰성(Test-Retest Reliability), 동등척도 신뢰성(Alternative Form Reliability), 반분 신뢰성(Split-half Reliability), 내적 일관성 신뢰성(Internal Consistency Reliability), 문항 분석(Item Total Correlation), 평가자 신뢰성(Inter-rater Reliability), 크론바흐 알파(Cronbach-alpha) 등이 있는데 이 중에서 크론바흐 값에 의한 내적 일관성과 신뢰성을 많이 쓰고 있다.[Jun C. Nunally(1978); 이종호(1994)]

반복 질문된 유사한 개념을 묻는 질문에서 각 항목 간의 상관관계를 구해서 상관관계가 낮은 값을 제거함으로써 신뢰성을 높일 수 있다. 또한 크론바흐의 알파 값은 0-1 사이의 값을 가지며 일반적인 경우 크론바흐의 알파 값이 0.6 이상이면 신뢰성이 있는 것으로 보고 기초 연구 분야에서는 0.80, 중요한 결정이 요구되는 응용 분야에서는 0.90 이상이어야 한다고 주장하였다.[최종성(2001), 박정민 외(2003)] 이에 따른 이론적 고찰을 바탕으로 신뢰성 분석을 시도한 결과 〈표 5-3〉의 내용과 같았다. 크론바흐 알파 값은 0.9146으로 나타나서 신뢰성이 충분히 있다고 판정하며 동 설문 결과를 내용으로 타당성 분석을 시도한다.

<표 5-3> 항목별 신뢰성 분석 결과

변수항목	변수명	문항 수	Cronbach's-α
즉각적 응대 및 정보제공(즉각성)	INST1-INST10	10	0.8880
적시적 응대 및 정보제공(적시성)	TIME1-TIME10	10	0.8929
고객반응유도모델	EM1-EM5	5	0.7697
즉각성과 적시성	INST1-TIME10	20	0.8935

신뢰성 분석의 결과 즉각성, 적시성의 신뢰성은 종합하여 크론바흐 알파 값의 결과 0.8935로 나와 적절한 것으로 나타났다. 또한 개별 변수에 대한 신뢰성 분석 결과 <표 5-3>과 마찬가지로 0.7697에서 0.8935까지 도출되어 자료의 신뢰성이 적절한 것으로 판단된다. 본 연구에서 주된 검증을 실시하기 위해 즉각성과 적시성에 대한 신뢰성 분석 결과 0.8935를 나타냈다. 신뢰성 분석에서 전자상거래 서비스는 설문에 답하는 사람들의 태도에 대한 개념 정도를 보기 위한 것이므로 본 신뢰성 조사에서는 포함하지 아니하였다.

(2) 타당성 분석

설문 조사 내용에 대한 타당성 조사를 위해 요인 분석을 수행한다. 요인 분석(Factor Analysis)은 일련의 측정된 변수에 근거하여 직접 측정할 수 없는 요인을 확인하기 위한 것이다. 요인 분석은 수많은 변수들을 적은 수의 몇 가지 요인으로 묶어줌으로써 그 내용을 단순화하는 것이 목적이다.[박정민 외, 2003] 즉 실제 결과를 초래하게 되는 요인을 찾아냄으로써 목표로 하는 명제를 설명하는 다변량 통계 분석방법(MANOVA: Multivariate Analysis of Variance)이라고 할 수 있다.[최종성, 2001] 구체적인 목적으로는 변수들의 축소, 불필요한 변수들의 제거, 변수들의 특성 파악, 측정도구의 타당성 판정, 그리고 요인 적재량을 바탕으로 추가적인 분석인 회귀 분석, 판별분석, 군집분석에 사용할 수 있는 변수를 만드는 것이다. 이 중에서 측정도구의 타당성 판정은 하나의 특성을 측정하기 위해 측정된 변수들은 하나의 요인으로 묶여지기 때문에 이러한 특징을 보고 타당성을 추출해 낼 수 있는 것이다.

요인추출을 위한 모델에는 주성분 분석(Principle Component Analysis : PCA), 공통요인법(Common Factor Analysis : CFA)이 있으며 이 중 주성분 분석은 요인의 수를 최소화하거나 분산에 대한 사전지식을 가지고 있을 때 사용하는 것이다. 요인의 성질과 수가 어떤가를 알려는 분석의 첫 단계에서 주로 사용하는데 전체 변수를 사용하여 분산을 극대화하는 성분을 추출하여 분산이 가장 큰 것부터 내림차순으로 변수의 수에 따라 주성분(요인)이 추출된다. 그리고 공통요인법은 최초 변수(문항)들을 통해 쉽게 파악되지 않는 잠재적인 공통 요인이나 차원을 규명할 때 사용하는 것으로, 요인 추출 시 공통분산만을 사용한다. 특수 분산과 오차 분산에 대한 사전적인 지식이 없을 때 사용한다. 요인을 추출하는 일반적으로는 주성분 분석이 많이 사용된다.

그러나 주성분 분석을 사용한 초기 요인추출에서는 의미 있는 결과를 제공해 주지 못하기 때문에 추출된 요인행렬을 회전(Rotation)시켜 줄 필요가 있다. 회전은 한 요인에만 높게 적재되고 다른 요인에는 낮게 적재되도록 함으로써 순수한 측정문항들을 추출할 수 있게 해 준다. 특히, 회전에는 직각회전(Orthogonal Ratation)과 비직각(또는 사각)회전(Oblique Roatation)이 있다. 이 중 직각회전에는 Varimax, Quartimax, Equemax가 있다. Varimax는 가장 일반적으로 사용되는 방법의 하나로 각 변수별로 열(Column)의 요인적재량을 제곱한 값의 분산을 최대화시켜 각 요인을 극소화하는 방법이다. 이때 각 요인의 요인적재량이 0이나

1에 가깝도록 하여 각 열마다 요인적재량이 높은 변수의 수를 최소화한다. Quartimax는 각 변수별로 행(Row)의 요인적재량이 높은 요인의 수를 최소화하는 방법이다.

<표 5-4> 요인 분석에 의한 타당성 분석

| 즉각성 변수 | 주요성분 | | | 공통성 | 적시성 변수 | 주요성분 | | 공통성 |
| | 요인 1 | 요인 2 | 요인 3 | | | 요인 A | 요인 B | |
	사후지원 요청 및 고객호의	업무처리 상황보고 요청	VIP 고객의 거래			고객 중심적 서비스	패턴분석형 개인화 서비스	
INST3	0.860	0.019	0.070	0.755	TIME4	0.870	0.065	0.762
INST7	0.857	0.202	0.226	0.826	TIME2	0.869	0.182	0.788
INST2	0.803	0.424	0.062	0.829	TIME3	0.837	0.137	0.720
INST10	0.726	0.238	0.226	0.635	TIME1	0.686	0.302	0.562
INST1	0.628	0.436	0.015	0.584	TIME9	0.586	0.518	0.611
INST5	0.243	0.832	0.218	0.798	TIME5	0.573	0.436	0.518
INST6	0.173	0.825	0.235	0.766	TIME8	0.553	0.320	0.408
INST4	0.442	0.725	0.033	0.722	TIME10	0.545	0.428	0.480
INST9	0.122	0.088	0.926	0.880	TIME6	0.081	0.907	0.829
INST8	0.146	0.252	0.874	0.848	TIME7	0.261	0.892	0.864
아이겐 값	5.121	1.493	1.029		아이겐 값	5.232	1.312	
분산비율	51.214	14.928	10.295		분산비율	52.318	13.115	
누적비율	51.214	66.142	76.437		누적비율	52.318	65.434	

그리고 Equemax는 변수의 각 열과 행마다 요인적재량이 높은 요인의 수를 최소화하는 방법으로 Varimax와 Quartimax의 혼합된 형태인데 해석이 어렵다는 단점이 있다.[박정민 외(2003), 최종성(2001)] 본 요인 분석에서는 직각회전의 Varimax 회전방식을 사용하여 타당성을 분석한다. 즉각적, 적시적 고객응대와 정보제공 그룹의 설문항목에 대한 요인 분석 결과 즉각성 3개 적시성 2개의 요인이 도출되었다. 아이겐 값은 <표 5-4>에서 즉각성 변수의 제1요인이 51.214%, 제2요인은 14.928%, 제3요인은 10.295%이며, 적시성 변수의 A 요인은

52.318%, B 요인은 13.115%가 설명될 수 있음을 보이고 있다. 〈표 5
-4〉에 대한 요인 분석 결과 즉각성 변수의 제1요인은 사후지원 요청
및 고객호의, 제2요인은 업무처리 상황보고 요청이라고 명명하였으며,
제3요인은 VIP고객의 거래로 명명하였다.

<표 5-5> 변수별 설문문항

번호	구분	내용
1	INST1	전자상거래 기업은 나의 '상품문의'에 즉시 응답할 것이라 기대했다.
2	INST2	전자상거래 기업은 나의 '서비스 불만사항 답변 요청'에 즉시 응답할 것이라 기대했다.
3	INST3	전자상거래 기업은 나의 '사후지원(A/S) 요청'에 즉시 응답할 것이라 기대했다.
4	INST4	전자상거래 기업은 나의 '배송확인 요청'에 즉시 응답할 것이라 기대했다.
5	INST5	전자상거래 기업은 나의 '입금확인 요청'에 즉시 응답할 것이라 기대했다.
6	INST6	전자상거래 기업은 나의 '구매확인 요청'에 즉시 응답할 것이라 기대했다.
7	INST7	전자상거래 기업은 나의 '제품불만'에 즉시 응답할 것이라 기대했다.
8	INST8	전자상거래 기업은 나의 '고가의 제품구입'에 즉시 응대할 것이라 기대했다.
9	INST9	전자상거래 기업은 나의 '제품대량구입'에 즉시 응대할 것이라 기대했다.
10	INST10	전자상거래 기업은 나의 '서비스 개선 건의'에 즉시 응대할 것이라 기대했다.
11	TIME1	EC기업의 '제품문의'에 대한 희망 시간 내 응답은 EC의 만족도에 영향을 미친다.
12	TIME2	EC기업의 '구매확인 요청'에 대한 희망 시간 내 응답은 EC의 만족도에 영향을 미친다.
13	TIME3	EC기업의 '배송확인 요청'에 대한 희망 시간 내 응답은 EC의 만족도에 영향을 미친다.
14	TIME4	EC기업의 '입금확인 요청'에 대한 희망 시간 내 응답은 EC의 만족도에 영향을 미친다.
15	TIME5	EC기업의 '서비스 개선 요청'에 대한 희망 시간 내 응답은 EC의 만족도에 영향을 미친다.
16	TIME6	EC기업의 '생활패턴을 고려한' 나만의 제품정보 제공은 EC의 만족도에 영향을 미친다.
17	TIME7	EC기업의 '구매(소비)패턴을 고려한' 나만의 제품정보 제공은 EC의 만족도에 영향을 미친다.
18	TIME8	EC기업의 지난번 구매한 제품의 만족도 확인(의견 묻기)은 EC의 만족도에 영향을 미친다.
19	TIME9	EC기업의 지난번 구매한 제품의 만족도를 물어보고, 그에 접합한 '서비스(사용방법 등) 제공'은 EC의 만족도에 영향을 미친다.
20	TIME10	EC기업이 지난번 구매한 제품의 만족도를 물어보고, 그에 접합한 '제품추천'은 EC의 만족도에 영향을 미친다.

적시성 변수의 A 요인은 고객 중심적 서비스(조건제시형 상황보고 요청, 사후지원서비스)로 명명하고 B 요인은 패턴분석형 개인화 서비스로 명명하여 이해를 쉽게 하였다. 이로써 요인 1, 2, 3은 고객반응유도모델의 즉각성 변수에 포함되며, 요인 A와 요인 B는 고객반응유도모델의 적시성 변수(적시적 고객응대 및 정보제공)에 포함되어 본 설문의 내용이 타당함을 확인할 수 있었다. 〈표 5-5〉는 즉각성과 적시성에 대한 변수별 설문문항이다. 표에 나타난 것으로 토대로 〈표 5-4〉의 요인 분석을 보면 이해가 보다 명료해진다.

3) 상관관계분석

상관관계분석은 두 변수 간에 얼마나 밀접한 선형관계를 가지고 있는가를 분석하는 통계기법으로 두 변수 간의 관계의 강도를 상관관계라 한다.

상관관계는 분석방법에 따라 단순히 두 개의 변수가 어느 정도 강한 관계에 있는가를 측정하면 단순상관분석(Simple Correlation Analysis), 3개 이상의 변수들 간의 관계에 대한 강도를 측정하면 다중상관분석(multiple correlation analysis)이라 하는데 다중상관분석에서 다른 변수들과의 관계는 고정되고 두 변수만의 관계에 대한 강도를 나타내는 것을 편상관 분석(Partial Correlation Analysis)이라고 한다.[최종성, 2001]

상관관계분석은 독립변수를 변화시켜 종속변수와의 인과관계를 규명하기 위해서 사용하는 것으로 상관관계 형태 분석에는 피어슨 계수를 많이 사용하므로 본 연구에서 피어슨 계수를 사용하여 상관관계 분석을 실시하였다.

즉각성 변수와 고객만족 간의 상관관계를 분석하기 위해 피어슨 상관계수를, 유의성 검증은 한쪽(One-tailed) 그리고 선택 항목에서 통계량 평균과 표준편차 항목을 설정하고, 대응별 결측 값은 제외하였다.

〈표 5-6〉의 상관관계 분석 결과 INST9에 대한 상관관계분석에서 INST1과 INST3 그리고 ISNT4는 유의수준 5%(0.05)에서 통계적으로 유의한 수치를 보였지만, 이를 제외한 나머지 전 항목에서 0.01 수준에서 통계적으로 유의한 결과가 나왔다. 또한 〈표 5-7〉에서는 전 항목에서 0.01 수준에서 통계적으로 유의한 결과가 있음이 밝혀졌다.

〈표 5-6〉 즉각성 변수의 상관관계

구 분		INST 1	INST 2	INST 3	INST 4	INST 5	INST 6	INST 7	INST 8	INST 9	INST 10
INST1	Pearson 상관계수	1.000									
	유의확률 (한쪽)	.									
INST2	Pearson 상관계수	0.774	1.000								
	유의확률 (한쪽)	0.000	.								
INST3	Pearson 상관계수	0.463	0.712	1.000							
	유의확률 (한쪽)	0.000	0.000	.							
INST4	Pearson 상관계수	0.441	0.607	0.496	1.000						
	유의확률 (한쪽)	0.000	0.000	0.000	.						
INST5	Pearson 상관계수	0.430	0.535	0.326	0.690	1.000					
	유의확률 (한쪽)	0.000	0.000	0.000	0.000	.					
INST6	Pearson 상관계수	0.470	0.491	0.280	0.564	0.649	1.000				
	유의확률 (한쪽)	0.000	0.000	0.000	0.000	0.000	.				
INST7	Pearson 상관계수	0.562	0.735	0.682	0.542	0.428	0.400	1.000			
	유의확률 (한쪽)	0.000	0.000	0.000	0.000	0.000	0.000	.			
INST8	Pearson 상관계수	0.225	0.300	0.252	0.289	0.389	0.429	0.309	1.000		
	유의확률 (한쪽)	0.003	0.000	0.001	0.000	0.000	0.000	0.000	.		
INST9	Pearson 상관계수	.148(*)	0.220	.154(*)	.160(*)	0.318	0.288	0.348	0.738	1.000	
	유의확률 (한쪽)	0.038	0.004	0.032	0.028	0.000	0.000	0.000	0.000	.	
INST10	Pearson 상관계수	0.418	0.564	0.570	0.500	0.485	0.376	0.732	0.335	0.254	1.000
	유의확률 (한쪽)	0.000	0.000	0.000	0.000	0.000	0.000	0.000	0.000	0.001	.

비고 : *는 0.05 수준에서 유의하고 나머지는 0.01 수준에서 유의함, N=145

<표 5-7> 적시성 변수의 상관관계

구 분		TIME 1	TIME 2	TIME 3	TIME 4	TIME 5	TIME 6	TIME 7	TIME 8	TIME 9	TIME 10
TIME1	Pearson 상관계수	1.000									
	유의확률 (한쪽)	.									
TIME2	Pearson 상관계수	0.608	1.000								
	유의확률 (한쪽)	0.000	.								
TIME3	Pearson 상관계수	0.608	0.712	1.000							
	유의확률 (한쪽)	0.000	0.000	.							
TIME4	Pearson 상관계수	0.529	0.750	0.705	1.000						
	유의확률 (한쪽)	0.000	0.000	0.000	.						
TIME5	Pearson 상관계수	0.613	0.505	0.474	0.442	1.000					
	유의확률 (한쪽)	0.000	0.000	0.000	0.000	.					
TIME6	Pearson 상관계수	0.336	0.301	0.262	0.207	0.368	1.000				
	유의확률 (한쪽)	0.000	0.000	0.001	0.006	0.000	.				
TIME7	Pearson 상관계수	0.456	0.396	0.393	0.334	0.463	0.794	1.000			
	유의확률 (한쪽)	0.000	0.000	0.000	0.000	0.000	0.000	.			
TIME8	Pearson 상관계수	0.318	0.503	0.393	0.489	0.308	0.285	0.413	1.000		
	유의확률 (한쪽)	0.000	0.000	0.000	0.000	0.000	0.000	0.000	.		
TIME9	Pearson 상관계수	0.474	0.551	0.452	0.522	0.585	0.391	0.56	0.441	1.000	
	유의확률 (한쪽)	0.000	0.000	0.000	0.000	0.000	0.000	0.000	0.000	.	
TIME10	Pearson 상관계수	0.329	0.516	0.479	0.405	0.406	0.342	0.44	0.511	0.584	1.000
	유의확률 (한쪽)	0.000	0.000	0.000	0.000	0.000	0.000	0.000	0.000	0.000	.

비고 : 0.01 수준에서 유의함, N=145

2. 가설검증

회귀 분석(Regression Analysis)은 관찰된 연속형 변수에 대해 독립변수와 종속변수 사이의 선형식을 구하고 그 식을 이용하여 독립변수가 주어졌을 때 종속변수를 예측하는 방법이다. 또한 독립변수와 종속변수의 상호 관계를 분석하고 독립변수의 변화로부터 종속변수의 변화를 예측하기 위해 사용된다. 회귀 분석은 독립분석들의 개수에 따라서 독립변수가 1개인 경우에 단순회귀 분석이라고 하며, 2개 이상인 경우에 다중회귀 분석이라고 한다.[박정민 외(2003)] 변수들의 상대적인 설명력을 검증하기 위해서, 다중회귀 분석을 실시하여야 한다. 회귀 분석에서 복수개의 독립변수를 사용하는 경우 다중공선성(Multi-collinearity), 즉 독립변수 간의 상관관계가 존재하는지의 여부를 확인하여야 한다.[이종호, 1994] 본 연구에서는 설문문항들의 요인 분석에 의한 결과 값을 독립변수로 설정하고 고객만족변수(CS1, CS2)를 종속변수로 선정하여 단순회귀 분석을 시행한다. 이것은 즉각성과 적시성이 고객만족에 유의한 영향을 미치는지를 파악하기 위한 것으로 단순회귀 분석 이후에는 다중회귀 분석을 수행하여 단순회귀와 다중회귀 간의 차이를 비교한다.

1) 가설 1의 검증

연구가설 1은 고객반응유도모델의 즉각성 변수는 고객만족에 정(+)의 영향을 미칠 것이다이며 이를 검증하기 위하여 다음과 같은 하위가설 1-1, 1-2, 1-3이 설정되었다.

· 가설 1-1 : 고객반응유도모델의 즉각성 변수에서 고객의 사후지원 요청 및 고객호의에 대한 응대는 고객만족에 정(+)의 영향을 미칠 것이다.

· 가설 1-2 : 고객반응유도모델의 즉각성 변수에서 고객의 업무처리 상황보고 요청에 대한 응대는 고객만족에 정(+)의 영향을 미칠 것이다.

· 가설 1-3 : 고객반응유도모델의 즉각성 변수에서 VIP고객의 거래에 대한 응대는 고객만족에 정(+)의 영향을 미칠 것이다.

각각은 요인 분석에서 도출된 사항과 같이 '사후지원 요청 및 고객호의', '업무처리 상황보고 요청', 'VIP고객의 거래'로서 요인을 명명하고 각각에 대해서 가설을 검증하고 그 결과를 종합함으로써 연구가설 1에 대한 증명을 할 수 있다.

(1) 가설 1-1의 검증

하위가설 1-1은 고객반응유도모델의 즉각성 변수에서 고객의 사후지원 요청 및 고객호의에 대한 응대는 고객만족에 정(+)의 영향을 미칠 것이라는 것이다. 이를 검증하기 위해 단순회귀 분석 기법을 이용하였다. 고객만족을 위한 설문문항을 종속변수로 설정하여, 단순회귀 분석 결과 도출된 결과는 〈표 5-8〉, 〈표 5-9〉, 〈표 5-10〉와 같았다.

〈표 5-8〉 사후지원 및 고객호의에 대한 회귀 분석의 적합도 검증

모형		제곱합	자유도	평균 제곱	F	유의확률
1	선형회귀 분석	8.986E-02	1	8.986E-02	.165	.685
	잔 차	77.800	143	.544		
	합 계	77.890	144			

〈표 5-9〉 사후지원 및 고객호의와 고객만족의 회귀 분석

모형		비표준화 계수		표준화 계수	t	유의확률
		B	표준오차	베타		
1	(상수)	4.028	.061		65.752	.000
	사후지원 요청 및 고객호의	-2.50E-02	.061	-.034	-.406	.685

〈표 5-10〉 사후지원 및 고객호의에 대한 회귀 분석의 결정계수 검증

모형	R	R 제곱	수정된 R 제곱	추정 값의 표준오차
1	.034	.001	-.006	.74

회귀선의 적합도를 검증한 결과 F=0.165로 분석됐으며 가설 1-1에 대한 단순회귀 분석 결과 모형에 대한 유의확률이 0.685의 수치를 보이므로 유의수준 5%의 범위를 벗어나서 통계적으로 유의하지 못한 결과가 나왔다. 또한 R 제곱, 즉 설명력이 0.1%에 불과하여 통계 분석에 이용된 사례들이 표본 회귀선에 적합하지 않았음을 보여주었다. 그러므로 본 가설 1-1은 채택하지 않았다.

본 가설검증 결과 사후지원 및 고객호의에 대한 사항은 기존의 전자우편 또는 게시판을 그대로 적용하는 것이 적절할 것으로 판단되며 고객들은 이러한 사항에 대하여 즉각적인 응대보다는 좀 더 여유 있는 시간관계를 희망하고 있는 것으로 분석됐다.

(2) 하위가설 1-2의 검증

하위가설 1-2는 고객반응유도모델의 즉각성 변수에서 고객의 업무처리 상황보고 요청에 대한 응대는 고객만족에 정(+)의 영향을 미칠 것이라는 것으로, 이를 검증하기 위하여 단순회귀 분석 기법을 이용한다. 하위가설 1-1과 마찬가지로 고객만족에 관한 설문문항을 종속변수로 설정하고 회귀 분석을 실시하였다.

〈표 5-11〉 업무처리상황 보고요청에 대한 회귀 분석의 적합도 검증

모형		제곱합	자유도	평균 제곱	F	유의확률
1	선형회귀 분석	8.939	1	8.939	18.540	.000
	잔 차	68.950	143	.482		
	합 계	77.890	144			

〈표 5-12〉 업무처리상황 보고요청과 고객만족의 회귀 분석 모형

모형		비표준화 계수		표준화 계수	t	유의확률
		B	표준오차	베타		
1	(상수)	4.028	.058		69.844	.000
	업무처리 상황 보고요청	.249	.058	.339	4.306	.000

〈표 5-13〉 업무처리상황 보고요청에 대한 회귀 분석의 결정계수 검증

모형	R	R 제곱	수정된 R 제곱	추정 값의 표준오차
1	.339	.115	.109	.69

그 결과 〈표 5-11〉, 〈표 5-12〉, 〈표 5-13〉의 의미가 도출되었다. 회귀 분석의 적합도를 검증한 결과 F=18.540으로 나타났으며, 가설 1-2는 단순회귀 분석 결과 모형에 대한 유의확률이 0.000으로 나타나서 유의수준 5%의 범위를 만족하므로 통계적으로 유의하다는 결과가 도출되었다. 또한 R 제곱에 의한 설명력은 11.5%가 표본회귀선에 적합한 결과로 나타났으며 약 11.5%의 설명력이 있다고 분석된다. 가설 1-2에 대한 분석 결과 회귀식 표현을 하면 다음과 같다.

고객만족 = 4.028 + (0.339 × 업무처리상황 보고요청)

이상과 같은 결과는 전자상거래에서 업무처리에 대한 상황보고 요청은 고객의 입장을 최대한 존중해 줘야 한다는 것을 의미하는 결과라고 볼 수 있다. 즉 고객의 배송확인, 구매확인, 입금확인 요청에 대한 사항은 즉각적인 응대 및 정보제공을 해야 한다는 의미로 해석될 수 있다.

그러므로 이에 대한 늦장 응대나 대처는 고객만족에 불리한 요소로 작용할 수 있음을 파악할 수 있다. 이 결과 현재의 전자우편이나 게시판 등의 방법보다는 보다 빠른 방법의 인스턴스 메시징이나, 전화 (TEL, VoIP, HP) 등의 방법이 효과적일 것이라 분석된다. 이러한 가설검증 결과에 따라 본 가설 1-2는 채택되었다.

(3) 하위가설 1-3의 검증

하위가설 1-3은 고객반응유도모델의 즉각성 변수에서 VIP고객의 거래에 대한 응대는 고객만족에 정(+)의 영향을 미칠 것이라는 가설이다. VIP, 즉 대량 또는 고가제품을 구입하려는 고객에 대한 즉각적인 응대는 고객만족에 영향을 미친다는 가정으로 이를 검증하기 위하여 단순회귀 분석 기법을 이용하였다.

<표 5-14> VIP고객의 거래에 대한 회귀 분석의 적합도 검증

모형		제곱합	자유도	평균 제곱	F	유의확률
1	선형회귀 분석	.739	1	.739	1.370	.244
	잔 차	77.150	143	.540		
	합 계	77.890	144			

하위가설 1-1과 마찬가지로 고객만족에 관한 설문문항을 종속변수로 설정하고 회귀 분석을 실시하였다. 분석 결과 <표 5-14>, <표 5-

15〉, 〈표 5-16〉의 결과가 도출되었다. 회귀 분석의 적합도를 검증한 결과 F=1.370으로 나타났으며, 가설 1-3은 단순회귀 분석 결과 모형에 대한 유의확률이 .244로 나타나서 유의수준 5%의 범위를 불만족하므로 통계적으로 유의하지 않은 것으로 분석됐다. 이것은 본 가설에 의한 설문문항이 대학생 집단에는 적합하지 않은 질문에 의한 결과로 해석되며, 가설은 기각되었다.

〈표 5-15〉 VIP고객의 거래와 고객만족의 회귀 분석 모형

모형		비표준화 계수		표준화 계수	t	유의확률
		B	표준오차	베타		
1	(상수)	4.028	.061		66.028	.000
	VIP고객의 거래	7.166E-02	.061	.097	1.171	.244

〈표 5-16〉 VIP고객의 거래에 대한 회귀 분석의 결정계수 검증

모형	R	R 제곱	수정된 R 제곱	추정 값의 표준오차
1	.097	.009	.003	.73

이로써 가설 1에 대한 실증 분석 결과를 종합하면 하위가설 1-1, 1-3은 기각되었으며 하위가설 1-2는 채택되었으므로 연구가설 1은 부분채택으로 결정하였다.

2) 가설 2의 검증

연구가설 2는 고객반응유도모델의 적시성 변수는 고객만족에 정(+)의 영향을 미칠 것이다였으며 이를 검증하기 위하여 다음의 하위

가설 2-1과 2-2로 구성되었다.

· 하위가설 2-1 : 고객반응유도모델의 적시성 변수에서 고객 중심적 서비스는 고객만족에 정(+)의 영향을 미칠 것이다.

· 하위가설 2-2 : 고객반응유도모델의 즉각성 변수에서 패턴분석형 개인화 서비스는 고객만족에 정(+)의 영향을 미칠 것이다.

하위가설 2-1과 2-2를 가설 검증함으로써 연구가설 2에 대한 가설검증을 실시하였다.

(1) 가설 2-1의 검증

가설 2-1은 고객반응유도모델의 적시성 변수에서 고객 중심적 서비스는 고객만족에 정(+)의 영향을 미칠 것이라는 내용이다. 이는 구매에 따른 각종 절차에서 고객의 조건제시형 상황보고 요청(예: 결제처리, 제품배송 등)에 대한 응대와 사후지원의 서비스 제공이 고객만족과의 관계에 있어 적시적인 특성이 유의한 영향을 미치는지에 대해 검증하기 위한 가설이다. 이를 검증하기 위해 단순회귀 분석 기법을 이용하였다.

〈표 5-17〉 고객 중심적 서비스에 대한 회귀 분석 적합도 검증

모형		제곱합	자유도	평균 제곱	F	유의확률
1	선형회귀 분석	10.963	1	10.963	23.423	.000
	잔 차	66.927	143	.468		
	합 계	77.890	144			

〈표 5-18〉 고객 중심적 서비스와 고객만족의 회귀 분석 모형

모형		비표준화 계수		표준화 계수	t	유의확률
		B	표준오차	베타		
1	(상수)	4.028	.057		70.892	.000
	고객 중심적 서비스	.276	.057	.375	4.840	.000

〈표 5-19〉 고객 중심적 서비스에 대한 회귀 분석의 결정계수 검증

모형	R	R 제곱	수정된 R 제곱	추정 값의 표준오차
1	.375	.141	.135	.68

회귀 분석의 적합도를 검증한 결과 $F=23.423$으로 나타났으며, 가설 2-1은 단순회귀 분석 결과 모형에 대한 유의확률이 0.000으로 나타나서 5%의 유의수준에서 통계적으로 유의성이 있는 것으로 나타났다. R 제곱에 의한 설명력도 14.1%가 표본회귀선에 적합하다고 볼 수 있다. 이러한 분석 결과에 대한 회귀식 표현을 하면 다음과 같다.

고객만족＝4.028＋(0.375×고객 중심적 서비스)

본 가설의 분석으로 조건 제시형 상황보고 요청과 사후지원의 적시성은 전자상거래에서 고객만족에 영향을 미치는 것으로 분석됐다. 조건 제시형 상화보고 요청은 고객의 허락된 시간 내에 응대 및 정보제공을 해야 함을 의미하는 것이며, 과거의 제품이나 서비스에 대한 구매 경험이 있는 고객에 대해 사후지원은 고객만족에 있어 적시성의 측면이 강하다고 볼 수 있다.

본 연구에 있어서 적시성은 고객의 상황과 환경을 고려한 것이므로 본 가설은 가설검증 결과 고객만족에 유의한 영향을 미치며 이에 따

라 전자상거래 기업이나 전자상거래를 하는 조직단위에서는 고객의 조건제시형 특히, 시간 내 응답과 같은 경우의 응대는 반드시 시간을 지켜야 할 것이며, 과거 구매에 대한 적절한 사후지원은 더 높은 고객 만족효과를 유도할 수 있다고 분석된다. 따라서 고객반응유도모델의 적시성 변수에서 조건제시형 상황보고요청에 대한 응대는 고객만족에 정(+)의 영향을 미칠 것이라는 가설은 채택되었다.

(2) 가설 2-2의 검증

하위가설 2-2는 고객반응유도모델의 즉각성 변수에서 패턴분석형 개인화 서비스는 고객만족에 정(+)의 영향을 미칠 것이라는 내용의 가설이다. 이를 검증하기 위해 단순회귀 분석 기법을 이용하였다. 회귀 분석의 적합도를 검증한 결과 F=22.833으로 나타났으며, 가설 2-1은 단순회귀 분석 결과 모형에 대한 유의확률이 0.000으로 나타나서 유의수준 5%의 조건을 만족시키므로 통계적인 유의성이 있는 것으로 나타났다.

R 제곱에 의한 설명력은 13.8%가 표본회귀선에 적합하고 또한 설명력이 있다고 할 수 있다. 본 가설검증은 고객의 생활패턴과 구매패턴에 대한 적절한 개인화 서비스가 고객만족에 영향을 준다는 것을 의미한다.

〈표 5-20〉 패턴분석형 개인화 서비스에 대한 회귀 분석의 적합도 검증

모형		제곱합	자유도	평균 제곱	F	유의확률
1	선형회귀 분석	10.724	1	10.724	22.833	.000
	잔 차	67.165	143	.470		
	합 계	77.890	144			

〈표 5-21〉 패턴분석형 개인화 서비스와 고객만족의 회귀 분석 모형

모형		비표준화 계수		표준화 계수	t	유의확률
		B	표준오차	베타		
1	(상수)	4.028	.057		70.766	.000
	패턴분석형 개인화 서비스	.273	.057	.371	4.778	.000

〈표 5-22〉 패턴분석형 개인화 서비스에 대한 회귀 분석의 결정계수 검증

모형	R	R 제곱	수정된 R 제곱	추정 값의 표준오차
1	.371	.138	.132	.69

패턴분석형 개인화 서비스의 분석 결과에 대한 회귀식 표현을 하면 다음과 같다.

고객만족 = 4.028 + (0.371 × 패턴분석형 개인화 서비스)

따라서 고객반응유도모델의 적시성 변수에서 패턴분석형 개인화 서비스는 고객만족에 정(+)의 영향을 미칠 것이라는 가설은 채택되었다. 하위가설에 대한 실증 분석 결과를 종합하면 연구가설 2에 대한 하위가설 2-1과 2-2가 채택되었으므로 연구가설 2는 채택되었으며 이에 따라 가설 2의 적시적인 응대 및 정보제공은 고객만족에 영향을 미치게 됨을 통계적으로 확인할 수 있었다.

3) 다중회귀 분석

다중회귀 분석은 두 개 이상의 독립변수들과 하나의 종속변수 간에

관계를 분석하는 방법이다. 본 가설에 대한 다중회귀 분석 결과 R 제곱의 값은 .388로 38.8%가 표본회귀선에 적합하며 또한 설명력을 가지고 있다고 볼 수 있다.

다중회귀 분석 결과 전자상거래의 고객반응유도모델에서의 고객만족에 영향을 미치는 것은 단순회귀 분석 결과와는 다르게 VIP고객의 거래가 유의하지 않은 것으로 나타났으며 단순회귀 분석에서도 나타난 결과와 같이 사후지원 요청 및 고객호의의 요인은 통계 분석 결과 영향을 미치지 않는 것으로 나타났다.

<표 5-23> 다중회귀 분석 결과의 결정계수 검증

모형	R	R 제곱	수정된 R 제곱	추정 값의 표준오차
1	.623	.388	.366	.59

<표 5-24> 다중회귀 분석 결과

모형		비표준화 계수		표준화 계수	t	유의확률
		B	표준오차	베타		
1	(상수)	4.028	.049		82.850	.000
	고객 중심적 서비스	.311	.049	.423	6.372	.000
	사후지원 요청 및 고객호의	-2.41E-02	.049	-.033	-.493	.623
	패턴분석형 개인화 서비스	.227	.049	.309	4.655	.000
	업무처리 상황보고 요청	.247	.049	.336	5.068	.000
	VIP고객의 거래	1.518E-02	.049	.021	.311	.756

본 가설에 대한 다중회귀 분석은 고객만족에 대한 설문문항을 종속변수로 하여 수행하였으며 그에 따른 결과가 <표 5-23>과 <표 5-

24)에 나타나 있다. 다중회귀 분석 결과 고객만족에 대한 가설검증에서 고객 중심적 서비스와 패턴분석형 개인화 서비스 그리고 업무처리 상황보고 요청이 유의한 영향을 미치고 있음이 나타나서 적시성의 2개 요인은 유의하지만 즉각성의 3요인 중 2요인은 유의하지 않은 것으로 분석됐다.

이상으로 단순회귀 분석과 다중회귀 분석의 검증 결과 두 방법의 결과 값이 차이가 없음을 보였으며 두 분석 방법에 의한 결과로 본 연구에서 제안한 고객반응유도모델을 고객 중심적 서비스(적시성)와 패턴분석형 개인화 서비스(적시성) 그리고 업무처리 상황보고 요청(즉각성)의 적시성과 즉각성의 측면에 있어 고객만족에 유의한 영향을 미치고 있음이 분석되었다.

3. 분석 결과 요약 및 논의

1) 분석 결과의 요약

본 연구의 궁극적인 목표는 전자상거래에서의 고객만족과 관련한 전자상거래 관계자들의 고객만족에 대한 관심유도였다. 전자상거래와 고객만족에 대해 지금도 많은 연구가 수행되어지고 있을 것이다. 본 연구는 고객만족을 강화하고 그로 인한 결과로 고객반응이 일어난다는 기존의 학설을 배경으로 하고 있으며, 전자상거래 환경에서 고객만족을 지원하는 수단이 있다면 그것으로 하여금 긍정적인 고객반응을 유도할 수 있을 것이라는 논리를 세웠다. 이에 따라 적극적인 고객응대는 고객반응을 유도할 것이라는 기본적인 사상을 체계화하고 모델을 정립하였다. 제안모델의 핵심이 될 수 있는 특성인 적극적인 고객 응대는 다시 즉각적인 특성과 적시적인 특성의 응대와 정보제공으로 구분되어진다. 그에 따라서 본 연구에서는 즉각성과 적시성에 대한 2개의 가설을 세우고 각각에 대하여 하위가설 3개와 2개를 추가하였다. 〈표 5-25〉은 본 연구에 따른 가설의 검증 결과를 나타낸 것이다.

〈표 5-25〉 가설검증의 요약

연구가설	하위가설	채택여부	
		하위가설	연구가설
H1: 즉각성 변수	H1-1 : 사후지원 요청 및 고객호의	기 각	부분채택
	H1-2 : 업무처리 상황보고 요청	채 택	
	H1-3 : VIP고객의 거래	기 각	
H2: 적시성 변수	H2-1 : 고객 중심적 서비스 (조건제시형 상황보고 요청, 사후지원)	채 택	채 택
	H2-2 : 패턴분석형 개인화 서비스	채 택	

본 가설검증에 따른 요약을 해 보면 전자상거래에서 고객의 '제품문의'와 '구매확인 요청', '배송확인 요청', '입금확인 요청', '서비스 개선 요청'에 대한 '희망 시간 내 응대'는 전자상거래 기업에서 적극 취해야 할 가치 있는 경영태도라 지적할 수 있다. 뿐만 아니라, 사이트 재방문 시에 과거 구매한 제품에 대한 의견을 물어보는 것, 그리고 그에 적합한 서비스 제공과 제품의 제공은 전자상거래 만족도에 유의한 영향을 끼치는 것으로 나타나서, 제품구매에 대한 사후지원 또한 전자상거래 기업들이 취해야 할 적절한 자세라고 여겨진다. 이것은 전자상거래 환경에서 CRM의 다양한 응용 애플리케이션 개발이 이루어져야 함을 의미한 것이다.

또한 업무처리의 상황보고 요청은 즉각적인 응대를 해야 할 것으로 나타나서 기존의 전자우편 등을 이용한 방법 이외에 팝업창이나 인스턴트 메시징 같은 방법을 병행하여 사용하는 것이 효과적일 것으로 분석된다. 더욱이 본 연구에 의한 결과로 커뮤니케이션 풍부성이 높은 전화나 휴대폰, VoIP 등을 이용한 방법이나 또는 화상회의 같은 매체를 사용한다면 보다 높은 고객만족도를 기대할 수 있을 것이라는 해석을 할 수 있었다. 그러나 본 연구에서는 인구통계적인 특징이 대학생이 97.9%로 나타나서 VIP고객의 거래라는 질문에 다소 약한 반응을 보였지만, 가설검증 결과 기본적으로 즉각적인 응대를 필요로 하고 있음이 분석되었다. 이는 현재 설문에 응답한 사람들이 VIP고객에 해당, 즉 대량구매나 고가의 구매를 할 것이라고 가정했을 경우 매우 신속한 응대와 정보제공을 필요로 하고 있다고 볼 수 있다. 그러므로 가설검증이 고객만족에 대한 설문문항 제2번을 주요한 종속변수로 하고 있음에도 불구하고 설문문항 5번에 유의한 결과를 나타내는 것으로 볼 때에 추후에 본 설문에 대해 다양한 연령층과 다양한 집단에 대한 연구가 필요로 하다. 종합하면 현 전자상거래 기업이나 조직단위에서는 본 연구 결과로 도출된 적시성에 대한 요인과 즉각성에 대한 요인에서 고객 중심적 서비스 제공과 패턴분석형 개인화 서비스 그리고 업무처리 상황보고 요청과 VIP고객의 거래는 고객만족에 유의한 영향을 미치므로 이를 전자상거래 환경에 도입 및 적용하는 노력이 필요하며, 각 요인의 특성인 즉각성과 적시성이 고객만족에 영향을 미치므로 이에 따른 긍정적인 고객반응의 효과를 얻을 수 있을 것으로 판단한다.

그러나 즉각성 변수, 즉 가설 1에 관한 하위가설 1−1이 기각되었는데, 이것은 〈표 4−1〉에서 Parker & Case(1991); 이종호(1994), 하성욱(2002), 이민호 외(2002), 박철 외(2003) 등이 즉각성에 대한 연구를 실증 분석한 것이 아니라 신속성 또는 빠른 대응성을 본 연구에서는 상기 개념을 최근의 경향에 맞게 재해석하여 전자상거래에서 즉각성 변수가 유의할 것이라는 가정을 세운 것에 기인한다. 이에 따라 본 연구에서는 기존 연구자들의 가설검증에 대한 부분은 모두 채택되었으나, 신규로 도입한 변수인 즉각성에 대한 가설검증에서 부분채택되는 결과가 나타났다.

이에 따라 전자상거래는 고객만족을 위해서 상기에 제시한 내용과 같이 개인화 서비스, 사후 관리, 실시간 협상, 적극적인 응대 등의 서비스에 많은 관심과 적용노력이 필요할 것이라 사료된다.

본 연구의 가설검증에 대한 분석 결과에도 불구하고 본 연구의 가설검증은 자체적으로 한계상황을 내포하고 있다. 그것은 당초 전자상거래 통계 조사 결과 20대와 30대에서 가장 많은 전자상거래 활동을 보이고 있는 점을 들어 이들 세대가 가장 많이 활동하고 있는 대학생들을 대상으로 한 설문 조사였다는 점이다. 이는 가설검증 결과 나타난 바와 같이 20대의 특성과, 또한 대학생이라는 한계와 더불어서 인터넷과 전자상거래에 익숙한 세대의 특징으로 인해 현재의 전자상거래 패턴(특히, 전자우편 등을 이용하고 기업 중심적으로 이루어지는 시스템 운영의 특징)에 적응한 결과(〈표 5-1〉 참조)로 해석된다. 물론 IT기술이 아무리 첨단을 달린다 할지라도 인간생활의 모든 것을 해결할 수는 없다. 그러나 인간 중심의 보편적 편리성을 지향하기 위해서는 현재의 전자상거래가 고객만족 부분에 매우 많은 관심을 가져야 할 것으로 분석되며, 더불어서 데이터마이닝 중심적인 CRM 기법이 놓치고 있는 커뮤니케이션 강화와 같은 영역에서의 고객만족 부분에 대한 관심도 필요하다고 분석된다.

본 연구의 가설검증을 토대로 전자상거래를 사용하는 고객들의 상당수는 상호 작용적인 기능이 풍부한(커뮤니케이션의 풍부성이 높은) 전자상거래 인터페이스를 요구하는 것으로 분석됐다. 적시적인 응대와 정보의 제공은 전자상거래 환경에서 제품과 서비스의 판매자에게 매우 불리한 환경적 요인을 안겨 준다.

고객의 희망 시간 내 응답의 가설검증 결과에서도 알 수 있듯이 고객마다 희망하는 시간은 모두 다르다. 이러한 점을 해결하기 위해서는 현재의 전자우편을 주로 이용한 고객응대시스템으로는 한계(전자우편은 적시성의 특징을 내포하고 있지만, 본 연구에 대한 선행 연구 결과 고객이 전자우편을 직접 확인하기 전에는 내용을 바로 알 수 없다는 단점(서순모, 2002)과 확인 절차가 일반적인 전화나 휴대폰 등의 그것에 비해 번거로움 등으로 인해 커뮤니케이션 풍부성이 적은 점((그림 2-28), (그림2-29), 〈표 2-15〉)이 있으며 본 연구에서 제시한 커뮤니케이션 풍부성이 높은 수단과 매체를 전자상거래 환경에 적극 도입해야 한다고 볼 수 있다.

본 연구에 대한 분석 결과 내용을 정리하면 다음과 같다.

첫째, 전자상거래 기업의 적시적인 고객응대는 고객만족에 영향을 끼친다는 것을 강조한다. 전자상거래에서의 고객 중심적인 서비스, 즉 '제품문의'와 '구매확인 요청', '배송확인 요청', '입금확인 요청', '서비스 개선 요청'에 대한 '희망 시간 내 응대'는 전자상거래 기업에서 적극 취해야 할 가치 있는 경영태도라 지적할 수 있다.

둘째, 사이트 재방문 시에 과거 구매한 제품에 대한 사용 의견청취 그리고 그에 적합한 서비스 제공과 제품의 제공은 전자상거래 만족도에 유의한 영향을 끼치는 것으로 나타나서 전자상거래에서 고객만족을 높일 수 있는 적절한 자세라고 사료된다.

셋째, 패턴분석형 개인화 서비스는 CRM이 목적하는 바와 같으며 본 연구에 의한 결과 재확인이 되었으므로 고객만족을 위한 CRM의 적극적인 도입노력은 고객만족의 긍정적인 결과를 불러올 것이라 분석된다.

넷째, 전자상거래 기업에서 고객의 업무처리 상황보고, 즉 구매확인 요청, 배송확인 요청, 입금확인 요청 등은 기존의 전자우편을 이용하는 방법 외에 별도로 전자우편보다 즉각성의 특성이 높고 커뮤니케이션 풍부성이 높은 수단인 전화나 실시간 메시지, VoIP 등의 방법을 병행하는 것이 고객만족에 효과를 기대할 수 있을 것으로 보이며, 이에 따라 상기 결과에 대해 각별한 관심과 전자상거래 경영 활동의 적용 노력이 필요함을 주장한다.

다섯째, VIP고객은 전자상거래 환경에서 계속적인 연구가 필요한 부분으로 본 연구 결과에서는 제한적인 표본 집단에 기인하여 유의하지 않은 결과를 나타냈지만, 다양한 분석 결과 본 가설의 타당 가능성이 높게 나타나고 있어 가설검증의 결과에도 불구하고 표본의 다양성과 좀 더 심층적인 연구를 기한다면 긍정적인 결과가 나올 것이라 기대한다. 추가적으로 상기 결과에도 불구하고 VIP고객의 거래에 대해서는 기존의 전자우편 외에도 커뮤니케이션 풍부성이 높은 수단을 이용하여 신속하게 고객응대를 하는 것이 고객만족에 긍정적인 영향을 미칠 것이라 사료된다.

그러므로 전자상거래에서의 고객반응유도모델은 이상과 같은 부분에 대해 지원을 하기 위한 모델이므로 그 가치가 충분함을 판단하며 본 연구 결과에 따른 기업의 적극적인 도입노력이 이루어진다면 긍정적인 고객반응을 유도하는 데 상당한 효과를 볼 수 있을 것이라 판단된다.

2) 연구 결과 요약

현재의 전자상거래 모델(특히, B2C)은 기존의 전통적 거래에서 실시되는 실시간 응대체계의 고도의 최적화된 고객서비스, 적시적 응대, 즉각적 응대, 장소의 제한을 극복한 온/오프라인의 연계 서비스 등의 여러 가지 사항들이 제공되지 않고 있으며 이러한 문제는 다양한 고객만족을 위한 해결과제로 남아 있었다. 이에 따라 상기와 같은 환경적 제약조건을 해결하기 위한 방법의 하나로써 본 연구에서 전자상거래 고객반응유도모델을 제안했으며 제안모델의 특성적 속성에 대한 가설검증 결과 즉각성 변수는 부분 채택이 되었고 적시성 변수는 채택되는 결과가 도출되었다. 이에 따라 본 연구에서 제안한 모델, 즉 고객반응유도모델을 적용한 새로운 전자상거래 모델은 상기 부분에서 제기된 일정한 문제들을 해결할 수 있고, 적극적인 응대와 정보제공(특히 본 연구의 가설검증에 의한 적시성 측면)을 통해서 전자상거래에 대한 만족도를 형성한다고 볼 수 있으며, 이렇게 형성된 고객만족의 신뢰관계는 고객의 로열티 증가와 매출의 지속적 증가를 불러오며 전자상거래의 확대 등 여러 고객반응 효과를 불러올 것으로 사료된다. 이렇듯, 고객반응유도모델을 현재의 전자상거래 시스템에 적용하기에는 상당부분 한계가 작용한다. 특히, 본 시스템을 기업의 특성과 환경을 고려하지 않고 적용하는 것은 오히려 더 많은 프로세스 증가와 유지비용이 발생할 것이다.

〈표 5-26〉 제안모델과 기존 시스템의 고객응대환경 비교

구 분	A 그룹	B 그룹	C 그룹	제안모델
대표적인 웹 사이트	-Daum.net -한솔CS클럽 -인터넷교보문고 -롯데닷컴 -신세계쇼핑 등 대다수의 EC 기업	-리얼마켓 -인터파크 구스닥 -파인드유즈드 -캐드세일 -CjBizmall 등	-붐붐네고	-CREM을 적용한 전자상거래 사이트
장 점	-전형적인 전자 상 거래 판매 모델 -사업자의 이해 도가 높으며, 일부 비즈니스 모델이 검증됨	-전자우편과 게 시판을 이용한 고객의사 접수와 응대환 경구축	-3단계에 걸친 부분적 실시간 가격협상 및 고객 응대 체계 구축 -프로그램 구현을 통한 자동화된 가격 협상체계	-판매자의 경험과 지식의 반영가능 -구매자의 실시간 요청과 응대가능 -협상환경지원 -즉각적 반응과 적시적 반응지원 -하이브리드 타입 모델
단 점	-협상지원기능 부족 -고객과의 접촉이 제한적임 -느린 고객반응 체계 -거래주체 간의 커뮤니케이션 단계가 낮음 -실시간 고객반응 기능 없음	-느린 고객응대 체계 -거래주체 간의 커뮤니케이션 단계가 낮음 -실시간 고객반응 기능 없음	-프로그램에 종속적 -일부품목에 국한됨 -판매자의 경험과 지식 반영이 어려움 -거래주체 간의 커뮤니케이션 단계 낮음	-기존 시스템보다 프로세스 증가 -일부 인건비 상승
비 고	-본 그룹 구분은 고객응대 환경에서의 커뮤니케이션 풍부성과 본 연구가 가지고 있는 즉각성과 적시성 측면에서의 기준을 적용한 그룹별 구분임 -A, B, C 그룹 구분은 무순임			

본 연구의 제안모델을 활용하기 위해서는 고객응대가 빈번히 이루어지는 부서에서의 운영이 적절하고 기업에 적합하게 수용하는 노력이 요구된다. 특히, 고객만족센터에서의 운영은 그 실효성이 클 것이다. 제안 방법 중 상당부분은 시스템으로 전환이 가능하다. 고객의 정보 요구에 대한 조건을 설정하고 시스템이 해당되는 질문 내용을 카테고리별로 분류한 후 일반고객과 우대고객을 분류하여 우대고객은 커뮤니케이션 풍부성이 높은 일반전화, 화상통신(VoIP), 핸드폰 등의 방법을 사용한다.

그리고 일반고객에 대한 고객대응 방법은 전자우편을 이용하거나 SMS를 적용하는 방법이 현실적으로 전자상거래 기업에 대한 경제적 비용부담을 완화시킬 수 있는 방법 중 하나가 될 수 있을 것이다. 고객반응유도모델은 U-Commerce의 개념과 같이 가상공간과 현실공간의 단일화를 지원하고 온-오프라인이 하나로 움직이는 데 유기적인 역할을 위해 고안된 모델이다. 고객반응유도모델을 통해서 대화와 목소리, 얼굴, 일 처리 등등 모든 상거래의 제반 활동이 전통적인 환경에서의 그것과 비슷하게 구현될 수 있고 전자상거래의 특징 중 접근성의 자유로움과, 운영의 자유로움 그리고 시간 절약, 언제 어디서든 원하는 상거래를 할 수 있는 등의 특징을 강화해야 한다. 전자상거래 문화는 전통적 상거래의 대면접촉방식에 기인한 인간미 넘치고 감성적 풍부성이 느껴지는 등의 장점을 취해야 한다.

본 연구에서 제안하는 고객반응유도모델을 기존의 전자상거래 시스템과 비교하였을 경우 〈표 5-26〉에 제시한 바와 같은 차이가 존재한다. A 그룹은 보편적이고 가장 널리 알려진 전자상거래 시스템 모델이며 거래주체 간의 커뮤니케이션 단계가 상대적으로 낮은 게 단점이다. B 그룹은 A 그룹보다는 커뮤니케이션 단계가 높지만 C 그룹보다는 낮으며, A 그룹에 비해 적극적인 고객응대를 위한 커뮤니케이션 지원노력이 돋보인다. C 그룹은 특정한 알고리즘을 바탕으로 고객과의 제품에 대한 가격협상이 특징인데 A, B 그룹에 비해서 고객의 참여도가 높은 것이 특징이다. 그에 견주어 제안모델은 판매자의 경험과 지식을 반영할 수 있다는 점과 실시간 응대와 정보제공이 특징이다.

이에 따라 차세대 전자상거래가 온-오프라인 거래의 차이 없이 자연스럽게 상호 연계 및 운용 가능한 단일화된 모델로 발전하는 것을 볼 때 본 연구에서 제안한 고객반응유도모델의 특성인 즉각성과 적시성 그리고 이를 지원하는 시스템적 기술 등이 차세대 전자상거래를 준비하기 위한 기초 연구로서의 가치를 지닌다고 사료된다.

Ⅵ. 결 론

1. 연구 내용의 요약 및 결론

전통적 상거래에서는 고객반응 활동이 매우 기민하게 이루어지고 있는 반면에 전자상거래에서는 낮은 단계의 고객응대에 머물러 있었다. 또한 대다수의 전자상거래 모델들은 전자우편이나 게시판 등을 통한 고객응대 환경을 운용함으로써 즉각적이고 적시적인 반응을 할 수 없는 상황에 직면해 있었다. 본 연구는 이러한 전자상거래의 단편적인 고객만족 활동에 대한 자료수집에서 연구가 시작되었다. 그로 인해 전자상거래에서 고객만족이 긍정적인 고객반응으로 연계된다는 기존 연구 결과와 이론들을 종합하여 고객만족을 유도하기 위한 방법과 그 방법을 기반으로 현재 전자상거래 환경 특히, B2C에 적용 가능한 고객반응유도모델을 개발하였다.

개발모델을 검증하기 위하여 고객반응유도모델의 핵심특성인 '즉각적 고객응대와 정보제공' 그리고 '적시적 고객응대와 정보제공'이 고객만족에 유의한 영향을 미치는지에 대하여 규명하고, 이를 토대로 고객반응유도모델의 가치를 제고하여 향후 전자상거래의 방향을 설정하자는 것이 주요 목적이었다. 목적을 달성하기 위하여, 이론적인 연구와 실증적인 연구 그리고 제안모델에 대한 이해를 돕기 위해서 프로토타입 모델에 대한 설계와 구현을 보였다.

이론적인 연구에서 고객만족에 대한 개념을 살펴보았고 고객반응 그리고 전자상거래의 고객만족에 관련된 선행 연구와 시스템과 관련한 연구에 대해서도 살펴보았다. 현재 전자상거래의 문제점으로 지적되는 고객과의 상호 작용을 해결하기 위한 이론적 배경을 확보하기 위해서 전자상거래 지원 시스템과 커뮤니케이션 그리고 정보에 대한 시간적 관점에서의 적시성과 신속성 등의 관계를 살펴보았다. 이러한 이론적인 배경을 바탕으로 전자상거래를 위한 고객반응유도모델을 제안하였으며 이를 토대로 전자상거래 고객만족, 전자상거래와 고객반응유도모델의 성과와 영향에 대해서 논하였다.

제안모델의 신뢰성을 검증하기 위하여 이론적인 배경 연구와 선행 연구 조사를 바탕으로 연구모형과 연구가설을 설정하여 실증 분석을 실시하였다. 설문을 위한 사전 조사로 현재 국내 전자상거래기업을 대기업과 중소기업으로 분류하고 이들 기업군에 대해 각 5개사와 6개사에 대해서 전화인터뷰를 실시하여 연구의 타당성과 업계의 인식을 사전 조사 및 검토하였다. 이러한 사전 조사와 관련하여 전문가들의 조언을 바탕으로 설문문항을 작성하였다. 설문 대상으로는 전자상거래 활용률이 가장 많은 20~30대를 선정하였는데, 1차 설문 조사를 통해 문항의 문제점을 수정하고 보완하여 설문지 문항을 최종적으로 완성하였다.

본 조사에서는 연구의 목적에 맞게 설계된 설문지를 2003년 9월 30일부터 10월 4일까지 배포하고 설문을 실시하여 153부를 수집하여 적합하다고 판단되는 145부의 설문을 채택하였다. 설문의 표본은 SPSS V10.0을 이용하여 신뢰성 분석, 요인을 확인하기 위하여 요인 분석을 하였으며 이에 따른 결과를 바탕으로 측정 대상의 타당성을 확인하였다. 피어슨 상관계수 값을 기준으로 각 요인들 간의 상관관계를 분석하였으며, 가설에서 설정된 요인들의 독립변수와 종속변수 간의 관계를 확인하기 위해 단순회귀 분석과 다중회귀 분석을 실시하였다.

연구가설 2개에 대한 분석 결과 즉각적인 고객응대와 정보제공의 변수에서 하위가설 3개 중 '업무처리 상황보고 요청' 요인은 채택되었으나 나머지 2개는 기각('사후지원 요청 및 고객호의', 'VIP고객의 거래')되었다. 적시적인 고객응대와 정보제공의 변수에서 하위가설 2개('고객 중심적 서비스 제공', '패턴분석형 개인화 서비스 제공')는 모두 채택되었다. 연구가설에 의해 채택된 요인을 설명하면 다음과 같다.

첫째, 전자상거래 기업의 적시적인 고객응대와 정보제공은 고객만족에 영향을 끼친다는 것으로 분석되었다. 이를 바탕으로 전자상거래에서의 '제품문의'와 '구매확인 요청', '배송확인 요청', '입금확인 요청', '서비스 개선 요청'에 대한 '희망 시간 내 응대' 그리고 패턴분석형 고객서비스는 전자상거래 기업에서 적극 취해야 할 가치 있는 경영 활동으로 지목된다.

둘째, 사이트 재방문 시에 과거 구매한 제품에 대한 의견을 물어보는 것, 그리고 그에 적합한 서비스 제공 또는 제품정보의 제공은 전자상거래 만족도에 유의한 영향을 미치는 것으로 분석되어서 전자상거래 기업에서 적극 취해야 할 가치 있는 경영 활동으로 지목된다.

셋째, 패턴분석형 개인화 서비스는 CRM 개념의 연장선상에서 해석되어질 수 있고 본 연구에 의한 결과에서도 의미 있는 것으로 분석되었으므로 전자상거래 기업에서 고객만족을 위한 고객행동의 패턴 분석을 통해 고객의 Needs를 분석하고 그에 맞는 서비스를 제공한다면 전자상거래에 있어서 고객만족의 긍정적인 결과를 불러올 것이라 사료된다.

넷째, 전자상거래에서 고객의 희망사항으로 구매확인 요청에 대한 희망 시간 내 응답과 배송확인 요청에 대한 희망 시간 내 응답으로 분석되어지며 이러한 사항이 충족될 경우 고객만족에 영향을 미치는 것으로 분석됨에 따라 이 부분에 대한 각별한 관심과 전자상거래에 대한 적용 노력이 필요하다고 사료된다.

본 연구에서는 기존의 다양한 분야에 걸쳐 있는 고객응대와 관련한 연구를 종합적으로 분석하여 전자상거래에서의 고객만족과 고객반응의 중요성을 제기하였고, 고객과의 커뮤니케이션을 기본으로 하는 고객반응유도모델을 제안하였다. 본 연구에서 제안하는 고객반응유도모델이 상당 부분에서 가치가 있는 것으로 판단됨에 따라 현재 전자상거래 기업의 고객반응을 유도하기 위한 인터페이스 등을 분석하여 취약한 부분에 대해 본 연구에서 제안하는 고객반응유도모델을 적용하기 위한 노력은 상당한 가치가 있을 것이며 이에 대한 적용노력을 권한다.

본 연구에서 제안한 고객반응유도모델은 고객과 판매자 간에 즉각적 또는 적시적인 상호 작용을 추구한다. 제안모델을 통해 고객과 판매자 간의 상호 작용을 도모함에 있어서 하이브리드적인 특징을 가짐에 따라 판매자의 마케팅에 관한 경험과 지식을 전자상거래에 반영시킬 수 있는 특징이 있다.

실증 분석 결과를 토대로 본 연구에서 주장하는 사항들을 현 전자상거래 시스템에 도입 및 적용한다면 경영 활동에 긍정적인 영향을 미칠 것이라 사료된다. 그리고 본 연구에서 제안한 고객반응유도모델의 두 속성은 향후 차세대 전자상거래로 인식되고 있는 U-Commerce를 위한 기본적 배경으로 연구되어질 수 있을 것이다.

2. 연구의 한계 및 향후 연구계획

본 연구는 소기의 목적을 달성했음에도 불구하고 다음과 같은 몇몇 부분에 있어서 연구의 한계가 지적된다.

첫째, 연구 결과에서 기술한 바와 같이 표본 설정에 약간의 문제를 안고 있는 점이 지적된다. 이것은 사전에 전자상거래 활동이 가장 활발한 20대와 30대가 본 연구의 대상으로 적합할 것으로 사료되었으나, 설문의 분석 결과 즉각적인 응대는 기업관계자와 30대 이상의 사람들이 업무상 경험 및 전통적 상거래에서의 우량고객 서비스의 경험이 풍부한 점을 간과하고 기술수용이 빠른 대학생 집단을 대상으로 표본을 채취한 점이다.

둘째, 본 연구는 진행방법에 있어 일반적인 모델검증의 방법을 사용하지 않고 제안모델의 속성에 대해 가설 검증한 것이 본 연구에서 제안하는 고객반응유도모델의 신뢰성에 한계로 지적될 수 있다. 본 연구에서는 전자상거래에 적용하기 위한 고객반응유도모델(CREM)을 제시하였다. 전통적인 연구방법에서는 제안모델 또는 방법을 설문 대상자가 실제 사용한 후 설문 조사를 해야 함에도 불구하고 본 연구에서는 그러한 전통적인 방법을 활용하는 대신에 제안모델의 핵심적인 2가지 특성(CREM의 즉각성, 적시성)에 대한 가설을 설정하고 그에 대한 가설을 검증함으로써 제안모델에 대한 신뢰성과 가치를 확보하려 했다는 점이 본 연구의 한계로 지적된다. 그러나 본 연구는 해결방법에 있어 핵심기술에 대해 특허와 같은 산업재산권이 본 연구주제에 걸쳐 있고 또한 제안모델을 실제 기업에 적용하여 그에 대한 사례를 바탕으로 통계 분석을 실시하기가 현실적으로 수월치 않은 어려움이 있었다.

셋째, 본 연구의 설문문항 개발과 적용에 있어서 설문문항에 대한 검증 없이 설문 조사가 이루어진 점이다. 그러나 본 연구와 비슷한 주제의 연구가 없었고 즉각적 응대 및 정보제공(즉각성)에 관한 개념과 적시적인 응대 및 정보제공(적시성) 개념을 전자상거래에 처음으로 적용을 시도한 특징으로 인해 모델을 검증하는 데 어려움이 있었으며 관련전문가들의 의견을 참고하여 가설검증을 수행한 점이 연구의 한계로 지적된다.

이상과 같은 한계점에도 불구하고 본 연구는 나름대로 의미 있는 연구 결과를 도출해 냈으며 이러한 결과들이 현재 전자상거래 기업의 경영환경을 새로운 가능성을 제고하는 차원에서 매우 긍정적인 의미로 받아들여질 것이라고 믿는다.

본 연구의 향후 연구계획은 본 연구에서 다루어진 적시적인 응대와 정보제공의 개념과 방법은 행정기관의 민원 서비스, 개인의료 서비스, 가상대학과 사이버 개인교사 시스템 등 여러 분야에 파급 응용될 수 있으며 이와 더불어 배경이론을 확보하게 되어 이에 대한 연구추진이 지목될 수 있다. 또한 설문 분석으로 나타난 결과를 실제 기업에 적용하여 즉각성 변수와 적시성에 대한 좀 더 심도 있는 조사와 전자상거래를 활용하는 세대별 구분에 대한 연구, 그리고 전자상거래 모델(B2B, B2C, B2G 등)에 따른 모델별 조사를 실시하여 각기 제안하는 고객반응유도모델의 특성에 차이가 있는지를 규명하는 연구 등이 지목될 수 있다.

또한 본 연구에서 제안한 고객반응유도모델의 여러 가지 장점이 있음에도 불구하고 단점으로 지적된 프로세스 증가와 인건비의 발생부분에 대한 추가 연구가 향후 연구로 지목된다.

참고 문헌

[국내문헌 - 단행본]

김성희, 장기진(2003), 전자상거래 이해, 무역경영사.

김재일(2001), 인터넷 마케팅, 박영사.

박정민, 나상균(2003), SPSS 11.0을 이용한 통계분석, 법문사.

이남용, 배경율(2001), 전자상거래시스템론(3E), 법영사.

이재규, 권순범, 김우주, 김민용, 송용욱, 최형림(2002), 전자상거래 원론
    (3E), 법영사.

이종호(1994), 정보기술이 경영의사결정에 미치는 영향에 관한 실증적 연
    구, 동국대학교 박사학위논문.

이영해(2001), e - Business시대의 SCM이론과 실제, 문영각.

전주형(1997), 여행업의 서비스 품질 평가에 관한 연구, 경기대학교 박사
    학위논문.

정봉주, 배경한, 강두원, 김백수, 신성용(2002), SCM, 한국전자거래진흥원.

최종성(2001), SPSS Ver 10.0을 이용한 현대통계분석, 복두출판사.

최휴종(1995), 서비스 제공자의 질에 대한 고객의 평가 요인 및 효과, 경
    희대학교 대학원 박사학위논문.

[국내문헌 - 학술지 논문]

김균태(2001), "eCRM과 고객접점센터 구축 전략", *정보처리학회지*, 제8
    권 제6호, pp.25 - 30.

김병곤, 최성(2001), "eCRM 시스템의 개념 및 발전 전망", *정보처리학회지*, 제8권 제6호, pp.7-17.

김성아, 문형남, 김주안(2003), "인터넷 쇼핑몰 고객지원 서비스 실태분석 및 개선방안 연구", *한국경영정보학회 춘계학술대회논문집*, pp.541-548.

김완석, 김정국, 김효기, 김창석, 구흥서, 이상범, 박태웅, 이성국(2003), "유비쿼터스 컴퓨팅 기술과 인프라 그리고 전망", *정보처리학회지*, 제10권 제4호, pp.23-38.

김장하, 이재섭(2000), "호텔 구매현장에서의 고객반응 측정 속성 개발", *관광경영학연구*, 제8호, pp.40-50.

김세희, 이은영(2000), "의류상품 소비자의 판매촉진 반응유형과 쇼핑성향", *유통연구*, 제5권 제1호, pp.33-46.

김성언, 나선영(2000), "전자상거래 기업의 성공을 위한 소비자 구매의도 영향요인 분석", *경영정보학연구*, 제10권 제3호, pp.61-77.

김희탁, 이명식, 김장하(2000), "지각된 서비스품질이 고객반응에 미치는 영향 연구-호텔산업을 중심으로", *품질경영학회지*, 제28권 제4호, pp.75-98.

박준철(2003), "인터넷 쇼핑몰 이용자의 고객만족이 신뢰, 몰입, 고객충성 행위에 미치는 영향", *경영정보학연구*, pp.131-149.

박준철, 윤만희(2002), "인터넷 쇼핑몰 회원가입자의 관계품질에 영향을 미치는 요인에 관한연구", *경영정보학연구*, pp.21-43.

박 철, 강병구(2003), "소비자의 온라인 구매경험에 따른 전자상거래 신뢰형성 요인에 관한 연구", *Information System Review*, 제5권 제1호, pp.81-95.

서순모, 양해술, 김정호(2000), "소비자 구매의사 정보 재사용과 전자상거래 시스템의 효율적 관리를 위한 에이전트 개발", *정보처리논문지*, 제7권 제5S호, pp.1708-1718.

서순모, 이종호, 서인석(2002), "실시간 정보제공과 반응을 통한 전자상거래의 신뢰 구축", *제6회 소프트웨어 품질관리 심포지움(SQMS)*

논문집, pp.405 - 410.

서순모, 이종호, 서인석(2003), "전자상거래 고객반응유도시스템을 위한 고객의 다중의사 처리기법", *한국정보처리학회 추계학술대회 발표논문집*, 제10권 제2호, pp.1711 - 1714.

서순모, 이종호(2003), "전자상거래학의 학문적 분류기준과 교과과정에 관한 연구", *한국전자거래학회지*, 제8권 제3호, pp.143 - 164.

선지웅(2002), "공급체인관리의 최적화를 위한 프레임워크", *정보처리학회지*, 제9권 제6호, pp.16 - 23.

서철현(1999), "여행사 서비스 인카운터에서 지각된 서비스 품질이 고객만족과 고객반응에 미치는 영향", *대한관광경영학회*, 제14권, pp.247 - 267.

이민호, 박광태(2002), "전자상거래에서 물류서비스 품질과 고객만족에 관한 연구", *경영정보학연구*, 제12권 제4호, pp.237 - 253.

이상민(2000), "인터넷 시대의 고객관계관리(CRM)", *삼성경제연구소 CEO Information*, 제262호.

이정섭, 장시영(2003), "상호작용 시스템을 이용한 상거래와 전통적 상거래에서의 고객만족 비교: 인터넷/TV 홈쇼핑/전통적 상거래를 중심으로", *경영정보학연구*, 제13권 제1호, pp.23 - 46.

이영민, 박순창(2003), "e - 비즈니스 전문인력 양성을 위한 e - 비즈니스학과의 운영방안", *경영교육논총*, 제30집, pp.91 - 107.

이영해, 조민관, 정정우(2002), "SCM의 최근 연구동향 및 발전 방향", *정보처리학회지*, 제9권 제6호, pp. 5 - 15.

이유재, 김우철(1998), "물리적 환경이 서비스품질 평가에 미치는 영향에 관한 연구", *마케팅연구*, 제13권 제1호, pp.61 - 86.

장시영, 이정섭(2000), "전자상거래와 전통적 상거래에서 고객이 지각한 가치 비교", *경영정보학연구*, 제10권 제3호, pp.159 - 180.

장활식, 김종기, 오창규(2002), "웹의 상호작용 특성을 반영한 정보기술수용모형", *경영정보학연구*, 제12권 제4호, pp.55 - 75.

전중옥, 서용한, 차진화(1996), "서비스 성과에 대한 고객의 감성적 반응과 만족간의 관계", *마케팅연구*, 제2권 제1호, pp.203-226.

정경수, 박용재(2001), "인터넷 쇼핑몰의 서비스 품질이 소비자 만족에 미치는 영향", *정보시스템연구*, 제10권 제1호, pp.173-195.

주상돈(2003), "유비쿼터스 컴퓨팅 기술 및 시장 동향", *정보처리학회지*, 제10권 제4호, pp. 5-10.

조성의, 박광태(2002), "전자상거래 서비스상품 분류에 대한 연구", *경영정보학연구*, pp.169-189.

최남희(2002), "Ubiquitous Computing과 u-Commerce", *ECIF u-Commerce*.

최동궁, 추순진(2000), "서비스접점에서의 고객반응 : 문헌고찰 및 미래 연구방향", *마케팅관리연구*, 제5권 제3호, pp.29-53.

하성욱(2002), "ubiquitous Commerce 마케팅 전략", *ECIF u-Commerce*.

홍금희(2002), "쇼핑동기와 서비스품질 지각이 고객의 감정적 반응과 패션점포 만족도에 미치는 영향", *한국의류학회지*, 제26권 21호, pp.216-226.

[외국문헌 - 단행본]

Alistair Cockburn, Jim Highsmith(2001), Agile Software Development, Addison Wesley.

Charles C. Poirrier & Michael J. Bauer(2001), e-Supply Chain : Using the Internet to Revolutionize Your Business, Pub Group West.

Chuck. Cavaness(2003), Programming Jakarta Struts, O'REILLY.

James Goodwill(2002), Matering Jakarta Struts, WILEY.

Kenneth C. Laudon, Carol Guercio Traver(2002), E-commerce : Business. technology. society, Addson Wesley.

Ken Shelton(1998), Authorized translated from best of Class, Executive Excellence(USA).

Lambert, D., Stock, J. and Ellram , L., eds(1998), The Global Supply Chain Forum, in Fundamentals of Logistics Management, Irwin -McGraw Hill.

Richard J. Varey(2002), Relationship Marketing : Dialogue and Networks in the E-Commerce era, John wiley & Sons.

Robert W. Lucas(1998), Customer Services : skills and concepts for bussiness, McGRAW-Hill.

Tom Demarco, Timothy Lister(1999), Peopleware, Dorset House Publishing(USA).

[외국문헌-학술지 논문]

Andrew C. Yao, John G. Carlson(1999), "The Impact of Real-time Data Communication on Inventory Management", *International Journal Production Economics*, Vol.59, pp.213-219.

A. Parasuraman, V. A. Zeithaml and L. L. berry(1994), "Reassessment of Expectation as a Comparison Standard in Measuring Service Quality : Implications for Future Research", *Journal of Marketing*, Vol.58, pp.111-124.

Bechtel, C. and Jayaram, J(1997), "Supply Chain Management : A Strategic Perspective", *International Journal of Logistics*.

Chi Kin (Bennett) Yim, P. K. Kannan(1999), "Consumer Behavioral Loyalty: A Segmentation Model and Analysis", *Journal of Business Research*, Vol. 44, pp.75-92.

Christian Homburg, Bettina Rudolph(2001), "Customer Satisfaction in Industrial Markets : Dimensional and Multiple Role Issues", *Journal of Business Research*, Vol.52 pp.15-33.

E. Grigoroudis, Y. Siskos(2004), "A Survey of Customer Satisfaction

Barometers : Some Results from the Transportation − Communications Sector", *European Journal of Operation Research*, Vol.152, pp.334−353.

Fareena Sultan(2002), "Consumer Response to the Internet : an Exploratory Tracking Study of On−line Home Users", *Journal of Business Research*, Vol.55, pp.655−663.

Gartner Research(2001), "CRM Analytic and Personalization", *U.S. Symposium/ITxpo*.

Georgios P. Papamichail, Dimitrios P. Papamichail(2003), "Toward Using Computational Methods for Real−time Negotiations in Electronic Commerce", *European Journal of Operation Research*, Vol.145, pp.232−238.

Gordon R. Foxall, Gordon E. Greenley(1999), "Consumer's Emotional Responses to Service Environments", *Journal of Business Research*, Vol.46, pp.149−158.

Hely Tuorila, Armand V. Cardello(2002), "Consumer Response to an Off−Flavor in Juice in the Presence of Specific Health Claims", *Food Quality Preference*, Vol.13, pp.561−569.

ICSA(2000), "Study Finds Electronic Business Provides Increased Service", *Marketing and Communications Manager*.

J. Dye, T. van der Schaaf(2002), "PRISMA as a Quality Tool for Promoting Customer Satisfaction in the Telecommunications Industry", *Reliability Engineering and System Safety*, Vol.75, pp.303−311.

J. J. Cronic, S. A. Taylor(1992), "Measuring Service Quality : A Reexamination and Extension", *Journal of Marketing*, pp.55−68.

Jochen Wirtz, John E. G. Bateson(1999), "Consumer Satisfaction with Services : Integrating the Environment Perspective in Services Marketing into the Traditional Disconfirmation Paradigm",

Journal of Business Research, Vol.44, pp.55–66.

J. P. Sousa, D. Garlan(2001), "Formal modeling of the Enterprise JavaBeans Component Integration Framework", *Information and Software Technology*, Vol.43, pp.171–188.

Ken Sakamura, Noboru Koshizuka(2003), "Technologies for Computing Everywhere Environments", *Korea Information processing Society Review*, Vol.10 No.4, pp.11–22.

Malcolm Davis, Struts(2001), "An Open–source MVC Implementation —Manage Complexity in large Web Sites with this Servlets and JSP framework—", *IBM DeveloperWork*.

Mamata Jemamani Pratap K. L, Mohaptra, Sujoy Ghose(2003), "A Stochastic Model of e–Customer Behavior", *Electronic Commerce Research and Applications*, Vol.2, pp.81–94.

Marcia perry, Amrik S. Sohal, Peter Rumpf(1999), "Quick Response Supply Chain Alliances in the Australian Textiles, Clothing and Footwear Industry", *International Journal of Production Economics*, Vol.62, pp.119–132.

Michael D. Johbson, Anders Gustafsson, Tor Wallin Andreassen, Line lervik, Jaesung Cha(2001), "The Evolution and Future of National Customer Satisfaction Index Model", *Journal of Economic Psychology*, Vol.22, pp.217–245.

Michal S., Garver, Gary B. Gagnon(2002), "Seven Keys to Improving Customer Satisfaction Programs", *Business Horizons, September –October*, pp.35–42.

M. J. Bitner(1990), "Evaluating Service Encounter : The Effect of Physical Surrounding and Employee Response", *Journal of Marketing*, Vol.54, pp.69–82.

Nicholas S. Souleles(2002), "Consumer Response to the Reagan Tax Cuts", *Journal of Public Economics*, Vol.85, pp.90–120.

Ting-Peng Liang, Hung-jen Lai(2002), "Effect of Store Design on Consumer Purchases: van Empirical Study of On-line Bookstores", *Information & management*, Vol.39, pp.431-444.

Ursula Y. Alvarado Herbert Kotzab(2001), "Supply Chain Management : The Integration of Logistics in Marketing", *Industrial marketing management*, Vol.30, pp.183-198.

Volker Gruhn, Lothar Schope(2002), "Software Process for the Development of Electronic Commerce Systems", *Information and Software Technology*, Vol.44, 2002, pp.891-901.

Wei-Po Lee, Chin-Hung Liu, Cheng-Che Lu(2002), "Intelligent Agent-based Systems for Personalized Recommendations in Internet Commerce", *Expert Systems with Applications*, Vol.22, pp.275-284.

Willemijn van Dolen, Jos Lemmink, Jan Mattsson, Ingrid Rhoen(2001), "Affective Consumer Response in Service Encounters: The Emotional Content in Narratives of Critical Incidents", *Journal of Economic Psychology*, Vol.22, pp.359-376.

[웹 사이트]

1. Ubiquitous Computing,
   http://www.ubiq.com/hypertext/weiser/UbiHome.html

·저자·

서순모
(徐舜模)

·약　력·
국립 한밭대학교 전자계산학과 공학사(전자계산학)
호서대학교 벤처전문대학원 공학석사(컴퓨터응용기술)
국립 공주대학교 대학원 전자상거래학박사(전자상거래학, 국내1호박사)
국립 한밭대학교 공과대학 정보통신컴퓨터공학부 겸임교수
우석대학교 문화사회대학 겸임전임강사
(사) 한국전자상거래학회(KECRA) 이사
한국전자상거래기술(KECT) 대표역임
(주) 이씨에스 사장/대표이사

·주요 논저·
「전자상거래 관점의 물류서비스 인력양성을 위한 중등교육과정 연구」
「인터넷 쇼핑몰의 양극화 현상과 유비쿼터스 컴퓨팅 기반의 상거래(U –
Commerce)에 관한 고찰」
「작물생산정보시스템을 위한 컴포넌트 기반 개발 방법론 MCPI에 관한
연구」
「전자상거래 고객응대의 특성에 관한 연구 - 즉각성과 적시성을 중심으로 -」
「전자상거래 고객만족을 위한 고객반응유도시스템 도입: 고객응대 시스
템의 확장을 중심으로」
「상업계 고등학교 전자상거래과의 교육과정과 활성화 방안에 관한 연구」
「전자상거래학의 학문적 분류기준과 교과과정에 관한 연구」
「전자상거래학 분야의 대학원 교육과정: 지식기반사회와 u –Commerce
고급혁신인력양성」
전자상거래를 이용하는 소비자의 제품구매의사 정보제공 장치 및 방법
(특허 제0365899호)

전자상거래
성공전략

• 초판 인쇄	2007년 12월 31일
• 초판 발행	2007년 12월 31일
• 지 은 이	서순모
• 펴 낸 이	채종준
• 펴 낸 곳	한국학술정보㈜
	경기도 파주시 교하읍 문발리 513-5
	파주출판문화정보산업단지
	전화 031) 908-3189(대표) · 팩스 031) 908-3160
	홈페이지 http://www.kstudy.com
	e-mail(출판사업부) publish@kstudy.com
• 등 록	제일산-115호(2000. 6. 19)
• 가 격	14,000원

ISBN 978-89-534-8013-1 93320 (Paper Book)
　　　 978-89-534-8014-8 98320 (e-Book)